公共财政评审研究

GONGGONG CAIZHENG PINGSHEN YANJIU

主　编　刘兴云

副主编　庞敦之　文新三

　　　　窦玉明　李和森

GONGGONG CAIZHENG PINGSHEN Y

经济科学出版社
Economic Science Press

图书在版编目（CIP）数据

公共财政评审研究/刘兴云主编 . —北京：经济科学
出版社，2013.12
ISBN 978 - 7 - 5141 - 4083 - 5

Ⅰ.①公… Ⅱ.①刘… Ⅲ.①公共财政 – 财政审计 –
研究 – 中国 Ⅳ.①F239.65

中国版本图书馆 CIP 数据核字（2013）第 291085 号

责任编辑：柳　敏　于海汛
责任校对：徐领柱
版式设计：齐　杰
责任印制：李　鹏

公共财政评审研究

主　编　刘兴云

副主编　庞敦之　文新三　窦玉明　李和森
经济科学出版社出版、发行　新华书店经销
社址：北京市海淀区阜成路甲 28 号　邮编：100142
总编部电话：010 - 88191217　发行部电话：010 - 88191522
网址：www. esp. com. cn
电子邮件：esp@ esp. com. cn
天猫网店：经济科学出版社旗舰店
网址：http：//jjkxcbs. tmall. com
北京汉德鼎印刷有限公司印刷
华玉装订厂装订
710 × 1000　16 开　12 印张　170000 字
2013 年 12 月第 1 版　2013 年 12 月第 1 次印刷
ISBN 978 - 7 - 5141 - 4083 - 5　定价：30.00 元

课题组成员

主　编：刘兴云

副主编：庞敦之　　文新三　　窦玉明　　李和森

成　员：李一三　　王文胜　　甘信厚
　　　　毕秀玲　　李德荃　　晁毓欣
　　　　常景刚　　李绍亮　　崔晓敏
　　　　刘　铭

前　　言

　　"财政是国家治理的基础和重要支柱，科学的财税体制是优化资源配置、维护市场统一、促进社会公平、实现国家长治久安的制度保障。必须完善立法、明确事权、改革税制、稳定税负、透明预算、提高效率，建立现代财政制度，发挥中央和地方两个积极性。"十八届三中全会通过的《中共中央关于全面深化改革若干重大问题的决定》将财政的地位提升到前所未有的高度，将建立现代财政制度作为全面深化改革的重点。财政部长楼继伟认为，完整、规范、透明、高效的现代预算管理制度是现代财政制度的基础，预算编制科学完整、预算执行规范有效、预算监督公开透明及其三者的有机衔接、相互制衡则是现代预算管理制度的核心内容。

　　长期以来，我国预算管理根据《预算法》及其实施细则，主要依靠制度管理和政策管理等法律和行政手段，一定程度上忽视了技术管理手段的应用，因此，预算编制的准确性、科学性，预算执行的规范性、有效性缺乏足够的技术保证；在财政支出规模持续扩大的背景下，未能对预算支出绩效做出及时的评价，造成预算决策科学化的依据不够充分。

　　这些问题表明，我国现行预算管理制度距离现代预算管理制度的要求还有相当长的一段距离，已经难以适应新形势下全面深化改革的现实需要，必须多方寻求改革和完善的途径。

　　近年来，各级财政部门积极主动探索财政科学化、精细化管理的有效途径和方法，取得了一定成效，也积累了不少经验。其中很重要的一条就是：作为财政"技术管理"的重要手段，财政评审是财政部门依法理财，提高财政管理"技术"含量，促进财政科学化、精细化管理的基本保障，在公共财政改革与发展进程中，只能加强，不能削弱。财政部部长楼继伟指出，财政评审在预算管理中虽然涉及的内容与其他司局不同，但工作的实质是相同的，都是为加强预算管理服务。评审主要应该是事前，重点要放在前端，是加强项目预算的审核，评审和监督都是预算管理工作的延伸，是提高预算准确性的一个重要手段。要把评审作为一个环节、一道程序，做好评审工作，预算就能比较实。他同时强调，评审必须做，结果反馈到预算；评审结果必须用，要研究评审结果使用的问题；要做好顶层设计，建立评审的机制、流程，完善评审流程，将评审纳入预算管理环节。财政部原部长谢旭人也曾指出："要合理设计投资评审的职责和业务范围，探索投资评审为部门预算编制和项目库建设服务的有效途径。"财政部副部长张少春要求："从下一步深化部门预算改革、完善预算项目库建设、提高预算编制和执行效率的趋势看，必须建设好、使用好我部的投资评审机构。要结合预算改革来设计评审机构的职责和业务范围，使其逐步与预算管理有机地、紧密地结合起来"。综合来看，现阶段，财政评审作为强化财政科学化、精细化管理的专业技术手段，被摆到了比以往任何时候都更加重要和突出的位置，面临着前所未有的发展机遇，财政评审事业迎来了阳光明媚的春天。

　　风正好加力，帆高好远行。《公共财政评审研究》旨在着力解决制约财政评审理论创新和实践发展的瓶颈问题。课题组在对我国财政评审工作开展现状进行认真总结梳理的基础上，对财政评审的重新定位、管理体系构建、风险防控重点等问题进行了深入研究分析，形成了理论性和操作性都比较强的研究成果。该成果主要包括以下三个方面的内容：（1）对我国财政评审的发展历程、开展依据、组织管理、业务管理、面临的挑战和机遇、亟须解决的问题等进行了深入分析；（2）围绕我国财政评审理论进行了思考和探索，对财政评审的内涵、机构性质、内外部关系和机制建设等进行了重新界定；（3）对适合我国国情的财政评审管理体系进行了深入探讨，提出了"先评审后编制"、"先评审后拨款"、"先评审后采购"、"先评审后审批"、"先评审后评价"、"先评审后移交"的"六先六后"理念。

　　总的来看，本书客观总结了近年来全国各级财政评审工作的实践经验，全面融入了财政评审的理论精髓，具有较为深厚的理论功底，对财政评审的理论研究和实际工作都具有一定的借鉴意义，也是社会各界了解我国财政评审的一个窗口。我们衷心希望本书能够对全国财政评审事业发展有所启迪和帮助，促进全国财政评审步入统一规范、健康有序、又好又快的良性发展轨道，更好地为现代财政制度建设服务，为全面深化改革服务。

　　尽管财政评审是财政部门的一项老职能，但它又是一项新工作，现有的实践经验还不够丰富，理论认识还有待于进一步提高，因此，本书难免有疏漏和不当之处，敬请各级领导、广大同仁和社会各界人士给予批评指正。

公共财政评审研究课题组
2013 年 10 月

目　　录

第一章

绪　　论

第一节　研究目的和意义

　　党的十八大立足全面建成小康社会的新形势和新要求，提出加快改革财税体制、完善公共财政体系的目标。十八届三中全会将这一目标具体化为深化财税体制改革，建立现代财政制度。这一目标在预算管理制度的完善方面，体现为进一步建立完整、规范、透明、高效的预算管理制度（楼继伟，2013）。近期的任务就是在继续将绩效观念和要求贯穿于财政管理各方面、建立全过程预算绩效管理机制；密切配合预算审批制度的重大改革、跨年度预算平衡机制建设，围绕现代预算管理制度的构建做好各项管理工作。加强财政评审的理论和方法研究，更好地为深化预算管理改革服务，为依法理财、科学理财、民主理财服务，为推进现代财政制度建设服务，正是贯彻党的十八大与三中全会精神、深入落实科学发展观的现实诠释。

　　财政评审是财政部门一项重要的"技术管理"工作，是预算管理的必要环节和重要组成部分，是由财政部门所属专职评审机构，运用工程造价和经费预算审核、技术方案论证、投资效益分析等专业技术手段，对财政支出项目进行事前评审论证、事中评审控制和事后评审评价的全过程管理活动。通过对项目立项的必要性、实施的可行性及投入的合理性等方面进行全方位、全过程的跟踪评审和动态监管，为政府预算编制提供全面、科学、准确的技术信息和依据，为财政改革提供客观的调研数据和政策建议。

财政评审是财政管理职能的具体化，是提高财政管理科学化、精细化水平的必要手段，是全面推进公共财政和绩效财政建设的有效途径，也是财政部门一项方兴未艾的朝阳事业。当前，财政评审正处于再次起步和创新发展的关键时期，将其作为财政管理学的一个重要分支进行系统研究，具有十分重要的理论价值和现实意义。

一、为公共财政评审理论体系建设提供支持

1999 年 4 月 8 日，中编办以《关于财政部投资评审中心机构编制的批复》（中编办字〔1999〕24 号），批准设立财政部投资评审中心。以此为标志，我国财政评审事业步入了新的历史阶段。在十多年的发展历程中，各级财政部门积极推进财政评审事业发展，取得了显著的成绩，积累了宝贵的经验。不过，当前我国财政评审的管理体制、运行机制仍未完全理顺，理论体系仍不健全，法律依据仍然不足，社会各界对于财政评审的意义尚缺乏最基本的了解和认识，甚至在政府预算管理体制这个财政评审赖以存在的母体内，财政评审的机构性质和职能定位方面仍存在不应有的模糊认识甚至异议；财政评审尚未实现与预算管理的有机结合，尚未成为预算管理的必要环节，评审结论仍未得到应有的重视和应用。就财政评审机构自身而言，在业务流程的规范化和方法的科学化方面，也有待于进一步研究和提升。所有这些问题，已经严重影响并制约着我国财政评审事业的健康发展。因此，深入开展财政评审理论研究，促进财政评审理论体系建设，进一步丰富和完善公共财政理论，无论对财政评审自身而言，还是对公共财政建设而言，都具有重要的现实意义和理论意义。

二、为现代财政制度建设提供保障

当前，我国财政体制正由过去的"吃饭"型财政、建设型财政，

向为全社会提供公共产品和公共服务的公共财政转变，公共财政的理念已深入人心，公共财政的发展日新月异。在公共财政体制下，公开、公平、公正和高效是财政管理的基本目标，这一目标的实现需要完善的财政管理体系作保障。如何强化财政资金的规范化管理，是全面深化财政改革的重大课题。财政评审正是加强财政资金规范化管理的重要技术手段，是财政管理的基础性工作。根据十八届三中全会关于全面深化改革的意见，我国将进一步完善财税体制，建立现代财政制度。显然，财政评审作为预算管理工作的重要组成部分，应进一步优化业务流程，提高工作质量，强化理论研究，完善机构队伍建设，为预算制度改革服务，为现代预算管理制度建设的新目标提供重要的技术保障。

三、为现代预算管理制度建设提供着力点

财政评审立足于项目和资金管理，运用专业技术手段，在规范财政资金项目申报和执行、提高财政资金效益等方面发挥着重要作用，在协助强化财政资金项目管理的同时，能够实现对投资主管部门和项目主管部门、项目单位的约束，有力地遏制项目申报过程中"狮子大张口"、项目审批过程中随意性强、项目实施过程中截留、挪用资金等现象以及高估冒算、"三超"等问题的发生，进一步规范项目管理，增强财政部门在财政资金项目管理上的话语权和决策能力。实践证明，在财政管理体系中，财政评审的职能作用与政府采购、国库集中支付密切关联、相辅相成。三者具有相同的地位，为此，应制定统一的制度规范和操作程序，共同为预算管理服务。本书提出，在今后一段时期，应当以强化财政评审为着力点和突破口，推动预算管理改革的全面深化，有效促进现代预算制度的建立和完善。

四、为提高财政管理的科学化、精细化水平提供支撑

实现财政管理的科学化、精细化，是财政体制改革的核心内容。

1994 年分税制改革以来，我国相继实施了以部门预算、政府采购、国库集中支付为主要内容的预算管理改革，开启了财政管理科学化、精细化的新时代。部门预算的实施，扬弃了各部门"基数加增长"的传统资金分配方式，优化了财政资源的配置；政府采购制度的推行，引入了市场竞争机制，体现了公开、公平的原则，有效地节约了财政资金，抑制了腐败现象的发生；国库集中支付制度的创立，改变了财政资金"以拨代支"的传统支出方式，提高了财政资金的使用效率。2009 年，财政部出台《关于推进财政科学化精细化管理的指导意见》，对财政管理水平提出了新的更加具体的要求。然而，反观我国财政管理的现状，仍然存在不少亟待解决的问题。例如，对财政资金项目支出，基本依靠政府行政手段管理，尚未建立科学的评审程序；对各类专项支出尚未建立起完善的绩效评价机制；政府采购监管工作仍有进一步规范和完善的空间；国库集中支付的相关监督制约机制还需要进一步探索，等等。要解决这些问题，需要研究采取一系列的改革措施，其中财政评审的职能作用特别值得深入挖掘。作为财政管理的专业技术手段，财政评审理应在部门预算的项目审核、绩效评价、政府采购标底编制以及国库集中支付额度控制监管等领域发挥更加积极的作用。为此，各级财政部门应不断深挖财政评审职能潜力，拓宽财政评审范围，在部门预算中实行"先评审、后下达预算"，在政府采购中实行"先评审、后采购"，在国库集中支付中实行"先评审、后拨款"等制度，为实现财政科学化、精细化管理提供可靠的专业技术支持。本研究正是着眼于财政科学化、精细化管理，力图通过对财政评审理论和实践的深入研究，为促进财政管理的科学化、精细化水平提供新的思路和方法。

五、为预算绩效管理搭建技术平台

综观世界经济发展形势，自 20 世纪 80 年代以来，经济合作与发展组织（OECD）成员国陆续实施了财政管理体制改革。各国逐步认识到，在世界经济波动加剧、开放程度日益提高、各种不确定因素不断增多的大背景下，廉洁、高效的政府已经成为世界各国应对全球化挑战和经济下滑风险的关键因素。而要打造一个高效的政府，必须注重对财政支出效果的评价，以提高财政资源配置效率和有效性。近年来，我国也将提高预算绩效管理水平、打造绩效财政提到了突出位置，应当说，强化和完善财政评审，树立以绩效为中心的预算管理模式，是进一步与国际接轨、实现财政预算科学化管理的现实需要。这就需要建立完善高效的财政评审体系，来保证财政资金分配的必要性、公平性和准确性。只有通过科学评审，才能按照绩效最大化原则，科学合理地安排公共支出，为促进经济社会协调、可持续发展提供更加优质高效的公共产品和服务。

第二节 内容框架与创新点

我国财政评审工作的开展已有几十年的历史（其间曾委托其他相关机构代行财政评审职能）。长期以来，随着财政评审实践和理论探索的逐步深入，各有关方面对财政评审的认识逐步清晰、深化。本书旨在总结实践经验的基础上，建立比较完善的财政评审理论体系，力争将财政评审理论升华到一个新的高度，为今后的工作实践和科学研究提供一定的理论支持。

一、内容框架

本书内容分为三个部分：

首先，对公共财政理论进行了简要论述，剖析财政评审的理论和制度基础，特别提出了公共财政建设对财政评审的新要求（第二章），以此为基础，对财政评审的职能定位进行了深入分析（第三章）。

其次，对我国财政评审发展历程进行了详细梳理，总结了我国财政评审所取得的成效以及所面临的重大问题，剖析了制约财政评审发展的体制、机制和管理等方面的障碍（第四章）。

最后，提出构建新型公共财政评审体系的设想（第五章），从而建立起一个相对完整并可实现动态调整的财政评审理论体系。

其基本架构与逻辑路径如图 1-1 所示。

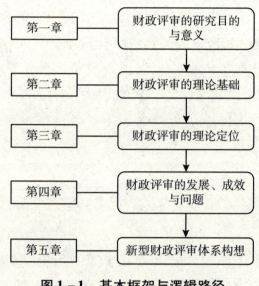

图 1-1　基本框架与逻辑路径

二、主要创新点

综合来看，本书主要有五个创新点：

（一）初步构建了公共财政评审理论框架

本书在国内首次将财政评审作为财政管理学的分支进行深入、系统地研究，初步构建了相对完善的财政评审理论框架。我们认为，完善财政评审机制是公共财政体制改革的必然要求，财政评审必将是今后一个时期财政体制改革的又一重点和亮点。因此，应把财政评审定位于预算管理职能的有机组成部分，进一步明确评审范围，规范评审流程，理顺评审内外部关系。全书围绕一个中心目标、坚持两项基本原则，着力构建三大体系："一个中心目标"指财政评审应以实现财政管理的公开、公平、公正和高效为中心目标；"两项基本原则"指财政评审应以合法合规性和效益性为基本原则，以相关法律法规、市场信息和专业指标为基本依据，确保评审行为的独立性、客观性和公正性，同时兼顾评审项目的社会效益和经济效益。"三个体系"指财政评审应建立规范的组织管理体系、业务管理体系和风险管理体系，三个体系的有机结合，构成新型公共财政投资评审模式的基本框架。

（二）率先提出了财政评审的"技术"管理特性

本书对国内现行财政评审管理体系进行了全面梳理和深入研究，通过综括性描述，抓住核心问题，进行深层次分析，全面评价、分析现有模式的优势与不足。在此基础上，创造性地提出财政评审的"技术"管理特性。我们认为，财政评审是由财政部门所属专职评审机构，组织专业技术力量，根据国家法律、法规和部门规章，对财政资金项目的必要性与可行性、合理性与绩效性进行审查与评价的一项"技术"性管理活动，而部门预算则主要侧重于"制度管理"或"政策管理"。因此，财政评审与部门预算之间相互补充、相得益彰，共同构成财政管理的两大支柱，犹如车之两轮、鸟之两翼，缺一不可。

（三）提出恢复财政评审机构的"行政管理"属性

本书在对我国财政评审的发展历史进行全面、系统梳理的基础上，提出了恢复财政部门所属评审机构作为行政管理机构的建议。这种属性定位不仅具有重要的法律依据，而且具备现实的制度基础。它不能算是什么创新、发展或突破，而是原有特性的"复位"、或"回归"；这也是排除财政评审改革与发展障碍、加快提升财政评审力的关键和根本所在，是坚持制度管理与技术管理并重、"两条腿走路"的预算管理改革的重要选择。

（四）率先提出了财政评审与预算绩效管理融合的构想

本书从理论和现实需要的视角，率先提出了财政评审与预算绩效管理融合的构想。从理论层面讲，推行预算绩效管理是预算管理、财政管理模式的重大变革。在这一变革进程中，财政评审必将发挥重要作用，这是由财政评审与预算绩效管理的本质属性所决定的。二者之间，预算绩效管理更为宏观全面，而财政评审则相对微观具体。财政评审原来是、现在是、将来也必将是推进预算绩效管理的"排头兵"。只有重视和加强财政评审，预算绩效管理才能开展得更为扎实有效。从现实层面看，应当从机构设置、职能深化、模式创新等几个方面着手，推进财政评审的自身转型及其与预算绩效管理的融合，以更低的成本、更高的效率，实现财政预算绩效管理效能的最大化。

（五）率先提出了"研究型评审"理念

本书认为财政评审是最有效、最直接的调查研究手段和过程，因此，应充分发挥其深入基层、深入项目的优势，认真搜集、整理、分析、运用项目评审过程的第一手信息资料，对每一个"重点"和"热点"项目、每一类资金，都要跳出评审看制度、看政策、看改革，最大可能地实现"评审"和"调研"的一体化，力求撰写出更多富于决策参考价值和可执行性的"研究型评审报告"和"评审型研究报告"，扩大财政评审的影响力。

第三节 相关文献综述

近年来，社会各界对财政评审的重视程度越来越高，相关理论研究也越来越深入。关于财政评审的职能定位、原则依据、范围方法、发展方向等，相关文献都有所论述。本书充分借鉴了现有财政评审理论研究成果，进行了认真归纳总结，站在前人的肩膀上，力争建立较为完善的财政评审理论体系。所参考的文献主要包括如下五个方面：

一、关于财政评审的职能定位

对于财政评审的职能定位，理论界和实务界都存在一个从模糊到逐步清晰和深化的认识过程。最初，一般将财政评审视为财政职能的延伸；当前，已经将财政评审定位为财政职能的重要组成部分，是政府预算管理的必要环节，是财政部门加强预算编制执行的重要技术手段。

谢贤星（2002）认为，财政评审是通过考察、评估和测算政府公共投资客体运作全过程，对相应的政府公共投资进行技术性、基础性的审定，以保证其使用效益的一项基础性工作，是财政部门资源配置职能的一部分。

贾康（2003）认为，加强和完善财政投资项目的评审制度是当前推行积极财政政策的迫切要求；为了实现社会福利的最大化，政府必须精打细算，做到少花钱多办事，这就离不开财政投资项目的评审；同时应站在全社会的角度来考虑财政投资的效益。这就意味着，不仅需要考虑财政投资的经济效益，还要考虑其社会效益。

黄佩筠（2004）认为，政府只有经过科学缜密的评审过程，才能优化资源配置，满足社会对公共产品的需要。因此，财政评审是财政职能的重要组成部分，没有财政评审，公共财政就不能有效地发挥其职能。本质地说，财政评审机构是政府公共财政职能的实施机构。

庞敦之（2005）认为，财政评审工作为财政投资管理提供基础性、技术性服务，是财政基本建设投资管理监督的方式和手段。

白景明（2005）认为，加强财政投资评审机构建设是财政投资评审体系建设的核心内容；在财政投资机构的建设中，应该重点解决好三个问题：一是要明确评审机构的属性，评审机构应当被定位为行政系列而不是事业单位；二是要明确评审机构的职能，评审机构应依据有关法规组织评审；三是优化评审队伍结构，以适应财政投资评审专业性强的特点。

魏跃华（2008）认为，财政评审机构，是财政部门所属（或主管）的专业监管机构，承担（或履行）政府投资项目预算、决（结）算的经济技术监管职责。其专业审核是财政项目预算运行机制的必要环节。

李和森（2009）认为，财政投资评审（或财政评审）是政府预算管理的重要组成部分，是由财政部门专职评审机构，组织专业技术力量，根据国家法律、法规和部门规章，对财政性投资和专项资金支出的必要性与可能性、可行性与不可行性、合理性与合规性、绩效性与公共性等，进行统一评价、评估、评定、审核、审查、审定的一项财政技术管理。

王虎、汪正猛（2013）认为，财政评审即财政投资评审，是财政职能的重要组成部分，是财政部门对财政性资金投资项目的概（预）算和结决算进行评估与审查，以及对使用科技三项费用、技改贴息、国土资源调查费等财政性资金项目情况进行专项检查的行为。他们将财政评审的职能定位于行政监督服务类，属于技术类行政职能，与公安技术侦探、质检技术检验等性质一致；遵循客观、独立、公正、节约原则，监督检查财政资金使用情况并提出合理化建议（含处罚建议）。在财政系统内部，他们认为财政投资评审的职能主要体现在配合财政中心工作，服务于财政支出预算管理和财政监督管理。在介入预算支出审核过程中，主要侧重于运用专业技术优势，为财政项目支出预算的编制提供真实可靠的依据，而不参与对支出预算的具体审批；在对预算支出进行监督检查时，主要为财政行政管理部门提供信息，而不参与对具体违规行为的处理。

综上所述，目前我国对财政评审的系统化研究还非常薄弱，成果还不够丰富。现有文献中，对于财政评审职能，尽管大家的看法还不尽相同，但大部分倾向于将其归为财政管理职能的重要组成部分，相应地，将财政评审机构定位于行政管理类机构，将财政评审的最终目标定位于社会福利的最大化。

二、关于财政评审的意义和作用

随着我国公共政府预算管理体制的不断完善，无论是政府部门和专业机构的领导，还是学术研究者，都对财政评审作用的强化和财政评审模式的完善进行了广泛深入的研究。

尹慧敏（2004）认为，切实发挥财政评审在强化预算管理中的积极作用，对提高政府预算管理水平具有重要意义。

孙志筠（2004）认为，财政投资评审质量是评审工作的立身之本，发展之基。

尹慧敏（2006）认为，拓展财政评审业务范围，建立科学规范的评审体系和工作机制是"十一五"时期山东省财政工作的重要任务。

庞敦之（2007）认为，完善财政评审制度应作为加强财政法制建设与财政监督的一项重要举措来看待。

尹慧敏（2008）认为，要继续推进预算评审机制建设，充分发挥投资评审作用，做到哪里有公共支出，哪里有财政投资，哪里就有财政评审。

李和森（2009）认为，财政评审要坚守"不唯减、不唯增、只唯实"的理念，该审减的审减，该审增的审增，审减是成效，审增同样是成效，而且在某种情况下是更难、更大、更重要的成效。当然，无论是审"减"还是审"增"，前提都必须是唯"实"。

孙伟（2011）认为，要更好地发挥财政评审工作在消除运行风险、提升管理水平、保障重大供给、促进健康发展等方面的重要作用。

于国安（2011）认为，投资评审成效明显，各方面反响很好，需要进一步扩大成果，更好地服务于财政与发展。

三、关于绩效评价与财政绩效评审

米建国（2001）认为，对财政性投资项目进行绩效评价是财政资金管理的重要内容，绩效评价有助于提高财政资金使用效益，也有助于提高政府行政效率。财政部门搞好绩效评价要注重直接效益和间接效益的结合，当前效益和长远效益的结合，评价指标定量和定性的结合，事前评价和事后监督的结合，量力而行和发展需要的结合。

贾康（2004）认为，做好绩效评价工作是提升公共利益的具体努力。在市场经济和公共财政构建过程中，努力把绩效评价工作由粗到细做好，关键要从五个方面入手：（1）建立绩效评价的长效机制，要以制度安排，谋求公共效益最大化，保证制定的目标不落空；（2）把绩效评价作为贯彻落实统筹协调、科学发展观的重要依据，使绩效评价的重点往前移，通过事前评估，更多地规避实际发生的低配置，提高公共资金的使用效益；（3）把项目绩效评价作为切入点，逐步扩大到整个支出和预算；（4）提高绩效评价的法制化水平，有相对稳定的规范依据；（5）研究工作者要加强研究，做好专门人才的培养，共同促进这项事业的发展。

康学军（2004）提出，加强公共支出绩效的评价是现代市场经济发展的内在要求，受托理财的财政部门有必要在制度上加强公共支出绩效管理。开展公共支出绩效评价要处理好绩效评价与绩效预算的关系，同时，还要妥善处理好部门自我评价、财政评价、人大评价和社会评价之间的关系，以及项目绩效评价和部门绩效评价的关系。应该逐步完善绩效评价工作体系，逐步实现绩效评价的法制化，将绩效评价结果与部门预算挂钩。

苏明、高培勇（2006）均认为，绩效评价是对财政评审工作的延伸和拓展，是对投资项目全过程的评价，包括起点、进程和结果。有关财政评审和绩效评价的理念、方法要准确定位：（1）要解决好对谁负责的问题；（2）要区别公共财政支出与非公共财政支出的关系；（3）要找准评价的依据和评价的对象。同时要处理好三个关系：（1）与审计工作重叠的问题；（2）在实践中与部门利益的冲突问题；（3）在财政部门内部的工作协调问题。

四、关于财政项目投资评审的方法

（一）国外项目投资评审方法的历史演变

20世纪50年代以前，投资项目评审主要是站在私人角度，针对投资项目的财务可行性进行评价，主要分析投资项目的获利能力和偿债能力。投资回收期和会计投资利润率等静态分析指标，以及财务净现值（NPV）和内部收益率等动态指标，是主要的评价依据。20 世纪 50 年代以后，随着政府干预经济力度的逐步加大，以福利经济学为理论基础，西方国家的投资项目评审在财务评价的基础上，逐步增加了国民经济评价的内容，这体现了评审视角的提升，不仅站在私人的角度，还需要站在社会的角度分析项目的可行性。进入 20 世纪 70 年代，这一趋势越发明显，投资项目的环境评价、社会评价等理论与方法逐步形成并得到发展。

杜比特曾提出投资项目的社会效益可以计量的思想。他认为，一个公共项目的社会效益就是该公共项目产出物的市场需求曲线在其产出量范围内的一个定积分（桑恒康，1998）。

1936 年，美国的田纳西流域开发项目，首次采用了成本效益评审方法。"二战"期间，成本效益方法被广泛地应用于军事工程项目的决策。到了 20 世纪 60 年代，投资项目评审的理论和方法已经基本成型。现金流量折现法（DCF）是投资项目评审的经典方法，与现金流量折现法有关的评价指标包括净现值和内部收益率等。1973 年，布莱克、斯科尔斯和莫顿（Black，Scholes and Merton）推导出 Black-Scholes 期权定价模型，解决了或有机会的定价问题。很快，这种定价技术被广泛应用于投资项目的评审实践，并被统称为"实物期权"分析。福利经济学与项目评价都涉及不同资源配置状态之间的好坏比较，有着类似的研究目标，因此很自然地，福利经济学就成为项目评价的理论基础。

随着世界各国对投资项目社会评价的日益重视，20 世纪 70 年代以后，又出现了一系列计算投资项目社会效益的新方法。这些方法有的主张通过价格调整，使用影子价格或调整价格计算投资项目的社会成本和效益，有的主张直接采用国际市场价格计算投资项目的社会成本和效益。其中，经合组织（OECD）的 L-M 方法、联合国工业发展组织（UNIDO）的准则法以及世界银行的 S-T 法等是几种比较有代表性的评审方法。

利特尔和米尔利斯（Little and Mirrlees，1968）在《发展中国家工业项目分析手册》中，给出了在投资项目评审中如何计算影子价格的新方法。主张把投资项目的投入产出物划分为贸易货物和非贸易货物两大类，尽量以国际市场价格为基础测算投入产出物的影子价格。

斯夸尔和茨德·塔克（Squire and Vander Tak）综合了 OECD 方法和 UNIDO 方法，提出了投资项目评审的 S-T 方法。该方法重视投资项目对国家内部收入分配的影响，并阐述了投资项目社会评价的理论和方法。

世界银行对于投资项目社会效益评审理论的完善和推广发挥了重大的作用。1984 年，世界银行首次提出，"社会性评估"应成为世界银行项目可行性研究工作的一部分。1985 年，世界银行出版了《把人放在首位》，介绍了社会评估在农业、农村发展项目设计中的应用。1994 年和 1998 年，世界银行颁布了社会评价非正式指南。2002 年，世界银行颁布了社会分析范例手册，认为社会评价应主要从以下五个方面着手：一是社会多样性和性别；二是机构、角色及行为；三是利益相关者；四是参与；五是社会风险。

（二）我国财政投资项目评审方法的发展历程

新中国成立初期的项目管理基本上是按照"先勘探，后设计，再施工"的原则进行的。在第一个五年计划时期，投资项目评审被真正引入投资管理程序。随后，由于极"左"路线的干扰，不少项目没有进行深入细致的调研，不搞可行性分析，也不编制设计任务书，出现了大量"边勘探、边设计、边施工、边投产"的"四边"工程，造成国民经济资源的极大浪费。改革开放以后，1981 年，原国家计委正式把可行性研究纳入了基本建设程序。1983 年，原国家计委颁发了《关于建设项目进行可行性研究的试行管理办法》，规定一旦项目建议书获得批准，都必须进行可行性研究。与此同时，在世界银行的帮助下，中国投资银行也在其贷款项目管理中引入了项目评审的原理和方法，并于 1984 年出版了《工业贷款项目评估手册》，作为投资银行系统开展项目评估的依据。随后，原中国人民建设银行又于 1984 年拟订了《中国人民建设银行工业项目评估试行办法》，用于指导建设银行基建贷款的决策管理。

　　1986 年，国务院正式将项目评审作为项目前期管理的一个重要工作阶段，要求建设项目必须先提出项目建议书，经批准后，可以开展前期工作，进行项目可行性研究。编制大中型项目设计任务书时必须附可行性研究报告，而且可行性研究报告必须达到规定的深度，并经有资格的咨询公司评估，提出评估报告，再由原国家计划委员会审批。至此，项目评审已经成为我国投资项目决策过程中的法定工作程序。

　　我国的建设工程造价长期采用定额计价模式，财政投资项目评审也以合法性、合规性审核为主，评审的业务流程以及评审的方法相对简单，技术性明显，系统性理论研究相对偏少。

第二章

财政评审的理论基础

财政评审作为公共财政管理的重要组成部分，其产生和发展过程与我国公共财政建设的进程息息相关。因此，把财政评审纳入公共财政体制框架内进行深入研究，对于促进公共财政体系的不断完善，进一步提升财政管理科学化、精细化水平、践行科学发展观具有重要意义。我们认为，开展财政评审研究，首先应当全面了解公共财政理论和实践的相关内容；在此基础上，将其植入我国公共财政框架进行合理定位，以不断丰富和完善财政评审理论，为财政评审事业的健康发展提供坚实的理论支持，更好地促进公共财政的改革与发展。

第一节　公共财政基本理论概述

在西方，政府与市场的关系一直是经济学里一个古老但又常新的话题，是公共财政赖以生存的理论土壤。公共财政就是市场经济下的财政，是政府为了弥补市场失效，提供公共产品和服务而从事的经济行为。在公共财政活动中，政府以公共权力为基础，以法律为依托而展开各种财政分配活动。它的建立是资产阶级革命的成果之一，是在取代了封建王室财政之后所产生的一种财政形态。因此，公共财政是与市场经济相适应的财政模式，它的发展是一个历史的、动态的演进过程。

一、西方公共财政理论的演进历程

公共财政产生的前提是市场经济，它产生与发展的过程，就是市场经济产生与发展的过程，也就是人们与政府关系的认识过程。17世纪中叶至18世纪中叶，西欧从封建社会末期过渡到自由资本主义，自然经济随之向自由市场经济转化，公共财政理论在这一时期应运而生，并逐步经历了一个相当长的历史发展过程，大致可以分为以下两个发展阶段：

第一阶段：18世纪后期至20世纪30年代。

1776年，英国著名经济学家亚当·斯密所著《国富论》的出版，标志着公共财政理论的诞生。亚当·斯密崇尚经济自由主义，把市场经济描述为"看不见的手"调节的经济。他认为，每个人都是理性人，都在追求自身的最大利益；市场能够有效配置资源，供求双方在市场竞争的作用下，可以带来整个经济的高效率。而政府的全部活动都是非生产性的。因此，他主张自由竞争，极力要求缩小国家活动的范围，提出"守夜人"、"廉价政府"的口号以及"最好的财政计划是节支，最好的赋税制度是税额最小"等观点。因此，这个时期的财政，主要是为了保证政府作为"守夜人"这一角色能够正常运转。

此后，约翰·穆勒等进一步发展了他的这一理论；威克塞尔、林达尔创立了公共产品理论，使之成为公共财政理论体系的基础；霍布斯和庇古所代表的福利经济学的兴起，使得公共财政理论的经济学基础愈加深厚。

1892年，英国经济学家巴斯塔布尔出版了《财政学》一书，认为"财政是关于公共权力机关的收入和支出并使其相适应的事务"，使财政学脱离经济学而步入独立发展时期。

第二阶段：20世纪30年代凯恩斯政府干预经济理论产生至今。

20世纪30年代初，西方资本主义爆发了空前严重的经济危机，从而宣告了自由放任的古典经济理论的破产。从实践中的罗斯福"新政"到理论上凯恩斯主义经济学的诞生，政府干预经济逐步成为人们的共识。"二战"后各国政府开始对经济进行大规模干预，以促进经济资源的合理配置、收入和财富的合理分配以及经济的稳定运行，弥补市场的种种缺陷。在这一阶段，公共财政的范围不再局限于公共权力机关的维持费用，而是扩大到对市场经济的管理和调控，直接介入市场领域，并形成一定规模的公共部门。如美国财政学家马斯格雷夫在《美国财政理论与实践》中指出，财政学是研究公共部门的经济学，不仅包括其理财活动，而且包括其与资源利用水平、配置以及在消费者之间的收入分配的全部关系。

20世纪50年代中期，随着萨缪尔森《公共支出的纯理论》一文的发表，使公共支出研究在财政学中的地位日益凸显。从此，财政学的研究范围不断拓宽，研究方法不断更新，从而使传统财政学不足以涵盖新的发展，而逐渐为公共经济学所代替。1972年《公共经济学杂志》（Journal of Public Economics）的创刊标志着公共经济学的正式诞生。

随着经济社会的发展，政府干预经济在实践中开始暴露出自身的缺陷，20世纪70年代的"滞胀"使得人们重新认识市场和政府关系。以理性预期学派和供给学派为代表的新自由主义对国家干预提出了责难和质疑，主张减少国家干预，恢复自由经济，以米尔顿·弗里德曼为代表的一批经济学家力图恢复古典学派的传统。他们首先责难国家对经济活动的大规模干预，认为正是国家干预窒息了市场经济的活力，造成了20世纪70年代的"滞胀"局面。"财政最重要"的政策主张也受到攻击，而被"货币最重要"取代。

当主流经济学围绕着凯恩斯理论争论不休时，以詹姆斯·M·布坎南和戈登·图洛克为首的公共选择学派将财政学研究推进到一个新的发展阶段。他们将政治学的研究内容与经济学的研究方法巧妙地结合为一体，集中研究社会公共需要及满足这一需要的手段——公共物品问题，分析了公共物品的生产及分配的过程，以及生产公共物品的机器——国家的组织和机构。他们认为，自由市场制度是建立在交换的等价原则之上的，只有那些具有排他性的私人产品才能进行市场交易。而公共产品不具有这些性质，所以公共产品的交换难以产生，消费者与供给者之间的联系由此中断，虽然存在市场需求，但却没有市场供给，这时政府应介入，提供这种产品，弥补市场的局限性。同时由于公共产品具有两个内在特性，又决定政府介入之后公共支出具有不断膨胀的趋势。

第一，公共产品的需求收入弹性大于 1。恩格尔定律告诉我们，随着家庭收入的增加，收入中用于食品等"生理需要"的开支比例越来越小，而用于非生活必需品等"精神需要"的开支比例将越来越大。当个人收入越过一定水平时，公共需要的增长会超过其收入的增长，人们就需要越来越多的政府服务，这时，医疗保健、文体设施、交通运输、社会保险、公共安全等优效型公共产品日益"侵蚀"和"挤占"消费结构中私人产品的相对份额。于是，公共需要内容和结构的高级化成为推动公共支出不断膨胀的原始动力。

第二，公共资本存量与私人资本存量之间存在一种密切的函数关系。战后以来，西方国家对基础设施投资的每一次胀缩都会导致私人投资的波动，从而对宏观经济的运行产生重要影响。美国经济学教授阿斯乔的研究表明，在美国 1950～1988 年近 40 年的公共投资曲线中，前 20 年（1950～1970 年）呈上升趋势，后十几年则是下降的。阿斯乔指出，像道路、机场、排水和供水等基础设施的公共投资，是与私人投资相互补充的，如果投资不足将严重阻碍整个经济的运行。美国战后前 20 年的经济增长之所以能够达到 10% 以上，是因为国家扩大了对基础设施的投资，后 20 年经济增长之所以持续下降，主要原因在于公共设施的投资净额几乎处于停滞状态。这对于我国优化财政支出结构的改革具有借鉴意义。

20 世纪 80 年代以来，公共经济学的研究范围不断扩展，同政治科学等学科的关系日益密切，越来越成为一门综合性学科。安东尼·B·阿特金森、约瑟夫·E·斯蒂格利茨、詹姆斯·M·布坎南等学者作为当代财政学家的主要代表，以经济机制为核心，寻找政府干预与市场机制的结合点，将政府财政职能问题的研究推向深入。他们非常重视政府的资源配置职能，以布坎南为代表的公共选择学派把焦点放在政府资源配置效率的分析上。斯蒂格利茨和阿特金森从效率与公平两个角度研究公共产品的最优供应问题。他们在建构政府财政模型时把效率与公平结合起来，认为效率和公平是一个问题的两个方面，是一个统一的整体。政府资源配置效率主要体现为公共预算决策效率和执行效率。新凯恩斯主义的代表斯蒂格利茨从一种新的"政府—市场观"出发，致力于重新、全面认识政府的经济职能，希望在政府干预与市场机制之间寻找一种不同于以往的结合点。布坎南揭示了政府失灵的深层原因，指出政府行为同样要受制度约束。政府干预与市场机制平衡的关键是公共部门和私人部门的适度平衡。

进入 20 世纪 90 年代以来，国家干预政策又重新得到重视。在这个过程中，公共财政的职能也相应调整。但是，从大的趋势看，在市场经济的不断发展和完善过程中，政府干预经济的职能呈现出不断增强的趋势，与此相适应公共财政的活动范围也在不断增强。

二、公共财政理论的基本内容

（一）市场失效

公共财政理论以"市场失效"作为分析问题的出发点，并以此界定财政的职能范围。市场是配置社会资源的基本机制，但市场并不是万能的，存在各种缺陷和局限，即"市场失效"。主要表现为以下六种情况：

1. 公共品供给不足

公共品是指满足社会公共需要的产品和服务。它具有消费方面的非竞争性和受益方面的非排他性特征。非竞争性意味着对已经存在的公共品，增加任何一个消费者的边际成本为零，这一点使得公共品无法像私人品一样根据消费的边际成本确定价格；非排他性意味着在技术上无法将不付费的消费者排除在受益范围之外，或者因排他成本太高而使排他成为不必要。公共品的这一特征造成"搭便车"现象的广泛存在，使公共品供给的成本无法通过价格机制实现。因此，公共品自身的特征决定了难以通过市场实现充分的供给。

2. 无法解决"外部效应"问题

所谓"外部效应"，是指某些生产者或消费者的行为对无关的第三者产生了或正或负的影响，却无法通过市场价格来进行调节的情形。单纯依靠市场，无法使受益者付费或使受害者获得补偿，导致了社会收益和私人收益、社会成本和私人成本之间差异的产生，也就使得市场机制本身无法实现资源的最优配置。

3. 经济的周期性波动

经济周期、经济波动内生于市场经济，伴随着经济衰退和萧条的是收入水平的下降和失业率的上升，而伴随着经济过热的又是通货膨胀，这是市场经济自身难以克服的弊病。

4. 收入分配不公

市场经济遵循按照经济要素的贡献分配收入的原则，而个人之间由于自身素质、劳动能力、技术水平和家庭条件的不同，因而在收入和财富分配中，必然会产生差距过大而造成的不公平现象，从而引发一系列的社会问题和社会矛盾，这也是市场机制的一个重要缺陷。

5. 垄断

市场的有效运行是以自由竞争为条件的，然而许多行业自由竞争的结果形成垄断，反过来又会限制竞争，以至于引起产品和服务产量不足、价格过高、资源得不到充分利用等问题，影响了市场效率的发挥。

6. 信息不对称

所谓信息不对称，是指供求双方对同一个产品或服务的相关信息了解程度不一，如保险市场，容易产生道德风险和逆向选择，从而引起市场发育不全等问题。

为克服和纠正这些市场失效问题，就必须借助于非市场化的资源配置机制——政府。为此，政府必须直接参与资源配置，与市场形成互补，以实现帕累托改善。"市场失效"原则决定了政府的各项活动应限定在市场机制无法有效发挥作用的领域，在微观层次上，应该发挥其在提供公共品、解决外部性、自然垄断、分配不公问题方面的优势，在宏观层面运用财政、货币政策对经济进行调控，以实现经济的稳定和发展目标。这种职能界定避免了政府对市场的过度干预和破坏，充分尊重市场机制在资源配置方面的决定性作用，保证了市场效率的充分发挥。

（二）公共财政的特征

目前，从满足社会公共需要这一本质特征出发，公共财政可以表述为：以国家为主体，通过政府的收支活动，集中一部分社会资源，用于履行政府职能以满足社会公共需要的经济活动，通俗地讲，就是"取众人之财，办众人之事"。

公共财政具有以下几个特征：

1. 公共性

公共性是公共财政的基石。其本质特征在于正确处理政府与市场的关系，满足社会公共需要。根据前文关于政府与市场关系的理论阐述，"公共产品"的特征决定了它们是难以通过市场提供的，只能由政府来解决。政府通过自身的收支活动提供各类公共品，满足社会公共需要，以解决"市场失效"问题。在现实市场经济运行中，市场失效的领域是极为广泛的，需要借助政府的公共权力强制性地进行弥补。因此，公共财政的"公共性"特征，就是要求：凡是市场能够有效作用的领域，政府就不要干预；凡是市场失效的领域，政府就应该积极主动，尽力弥补和调节。实际上这也是区分政府公共财政活动与私人活动范围的基本准则。

2. 非盈利性

盈利性是私人部门参与市场活动的主要动力。作为政府来说，公共财政的公共性特征决定了它只能以社会公共利益作为活动目的，从事非盈利性活动，而不能直接进入市场去追逐盈利，更不能与私人部门争利。尽管企业和个人活动于市场有效领域内，而政府活动于市场失效领域内，这是划分两者活动范围的基本准则，然而，现实的经济活动是错综复杂的，大量的社会经济活动是需要企业和政府共同介入和承担的。为此，非盈利性就提供了一个具体标准，来界定两者在共同活动中的各自参与程度。当某些行业的活动为社会公众所需要，并且可以有一定的市场收入，但又达不到市场平均盈利水平之时，政府和企业是可以共同承担这类活动的。这就是政府通过财政投资或补贴等形式，使得投入到该行业的企业具有获得平均利润率的能力，从而政府通过自身的无偿投入，支持了该行业的发展，并为整个社会的公共利益服务。与此同时，企业由于可以获得平均利润率，因而承担起了部分的乃至主要的投资任务，从而大大减轻了财政的支出负担。这样，财政的非盈利性活动，就直接与为市场提供公共服务相联系了。

3. 法治性

市场经济是法治经济，对于政府来说，其活动和行为也应当置于法律的约束规范之下。财政作为政府直接进行的活动，在市场经济下无疑必须受到法律约束和规范，从而具有明显的法治性特征。财政的法治化，意味着社会公众通过国家权力机构和相应的法律程序，向政府授权征税收费等，同时也约束、规范和监督政府的行为，使之符合公共性的要求。如税收是依据税法征收的，没有国家权力机关的批准和授权，有关税法和税收条例是无法确立的。再如政府预算也要通过国家权力机关审议和批准，政府无权随意使用。

（三）公共财政的职能

如上所述，政府的职能主要是克服市场失效的问题，而公共财政则是政府实现这些职能的主要手段。不仅如此，而且其他手段的运用也需要政府财政的支持。基于这样一种分析，公共财政的主要职能包括资源配置职能、收入分配职能、稳定经济职能。

1. 资源配置职能

资源配置职能就是政府将一部分社会资源集中起来，形成财政收入；然后通过财政支出活动，由政府提供公共品或服务，弥补市场的缺陷，最终实现全社会资源配置效率状态的职责和功能。在市场经济中，财政不仅是一部分社会资源的直接分配者，而且也是全社会资源配置的调节者。这一特殊地位，决定了财政的资源配置职能既包括对用于满足社会共同需要的资源的直接配置，又包括对全社会资源配置的引导和调节两个方面。具体表现在：一是处理社会资源在政府部门和非政府部门之间的配置。主要是调整财政收入在国内生产总值中所占的比重，使之符合优化资源配置的要求。二是在政府内部各部门之间配置资源。主要是根据不同时期政府职能的变化，通过财政分配将财政资金用于满足各种社会公共需要。三是对非政府部门资源配置的引导。尽管非政府部门的资源配置活动主要是由市场来完成的，但通过财政资金的分配以及制定和执行有关政策，可以引导非政府部门的资金投向。如对某些急需发展的产业，在市场机制对资金投入激励不足时，财政可通过提供补贴或税收优惠等手段，鼓励和支持其发展。

2. 收入分配职能

收入分配职能是指通过政府财政收支活动对社会成员的收入和财富份额的调节，以实现收入公平分配的目标。在政府不加干预的情况下，市场一般会以个人财产的多少和对生产所做的贡献大小等因素，将社会财富在社会各成员之间进行初次分配，这种分配的结果可能是极不公平的；只有依靠财政的再分配功能，才能对这种不公平现象加以调整和改变。财政收入分配职能的实现方式主要有两种：一是加强税收调节。比如通过个人所得税，调节个人劳动收入和非劳动收入，使之维持在一个相对合理的差距之内，实现社会基本公正；通过企业所得税，调节不同企业的利润水平；通过遗产税、赠与税，调节个人财产分配，等等。二是通过转移性支出，如社会保障支出、救济支出和补贴等，使每个社会成员得以维持基本的生活和福利水平。

3. 稳定经济增长职能

这一职能是指政府通过实施不同类型的财政政策，以实现促进就业、物价稳定、国际收支平衡与经济增长等目标。财政政策根据其调控的实施方式的不同，可以分为自动稳定机制和相机抉择机制两种：

（1）自动稳定机制：财政政策自动稳定的机制是指能够根据经济波动情况自动发生稳定作用的政策，无须借助外力就可直接产生控制效果。通常政府借助累进的税收制度和具有累退性质的失业救济支出的自动稳定机制，达到对总需求的自动抑制而减缓经济波动、稳定宏观经济的目的。

（2）相机抉择机制：财政政策的相机抉择机制是指政府根据经济景气变动情况，通过税收政策和公共支出政策进行的、使社会供需总量达到短期平衡的财政操作。根据财政政策在调节国民经济总量方面的不同功能，可以划分为扩张性财政政策、紧缩性财政政策和中性财政政策。扩张性财政政策是指财政通过减税、增支或财政赤字和扩大国债发行来增加刺激社会总需求，促进社会供需总量的平衡。紧缩性财政政策是指财政通过增税、减支或财政盈余来减少和抑制总需求；中性财政政策是指财政政策对社会总需求的影响保持中性，既不扩张，也不收缩。

（四）政府失效

同市场失效类似，政府也不是万能的。随着"滞胀"等现象的出现，促使人们对于政府干预经济中各种失效现象进行了深入的思考。公共选择学派对此进行了深入研究。政府决策以公共品为对象，以集体作为决策主体，并通过有一定秩序的政治市场来实现。由于组成政府的个体与市场的个体一样，都是"经济人"，同样具有追求自身利益最大化的动机，导致政府自身具有扩张的本性，官僚机构和立法部门都追求预算的最大化；同时，官僚机构垄断了公共品的供给，并且缺乏对政府官员的监督，导致寻租现象的产生，从而使得政府难以制定并实施最优公共政策，导致决策失误，非但不能起到补充市场失效的作用，反而加剧了市场失灵，带来巨大的资源浪费及社会灾难。为克服政府干预行为的局限性，避免政府失败，公共选择学派提出进行宪制改革、在政府机构内部引入竞争机制等方式对政府的税收和支出加以约束，抑制政府的过度增长或机构膨胀（管永昊，2008）。20世纪70年代以来，以改革政府、提升政府绩效为目标的新公共管理运动席卷全球，成为医治政府失效的一剂良药。其中，以绩效评价为核心的绩效管理正是这付"良药"的主要成分。

三、我国公共财政建设概况

改革开放以来，我国的财政改革以公共财政为取向，经历了一个渐进的改革与发展过程。

我国的公共财政建设是在由计划经济体制向市场经济体制转轨的背景下，为建立适应市场经济发展要求的财政运行模式而正式提出的。

1992 年 10 月，党的十四大明确提出要建立社会主义市场经济体制；1998 年 12 月，全国财政工作会议明确提出，要建立公共财政的基本框架和目标任务，后又将建立公共财政的要求写入中央文件。2000 年 11 月，时任国务院副总理李岚清在省部级干部财政专题研讨班开班仪式上，发表了《以"三个代表"重要思想为指导 逐步建立公共财政框架》的讲话，提出"加快建立适合我国的公共财政，进一步调整和优化财政收支结构，逐步减少盈利性、经营性领域投资，大力压缩行政事业经费，把经营性事业单位推向市场，将财力主要用于社会公共需要和社会保障方面"。从此以后，我国财政逐步从建设财政、吃饭财政转变为与社会主义市场经济体制相适应的公共财政。2003 年 10 月，中共十六届三中全会通过了《中共中央关于完善社会主义市场经济体制若干问题的决定》，做出了完善社会主义市场经济体制的战略部署。其中，在财税领域，要通过推进税收制度和财政管理体制改革，进一步健全和完善公共财政体制。2004 年 2 月，中共中央举办了省部级主要领导干部树立和落实科学发展观专题研究班。在研究班结业仪式上，温家宝总理发表了《牢固树立和认真落实科学发展观》的讲话。以此为标志，我国进入了全面贯彻落实科学发展观的新时期。科学发展观为公共财政建设注入了新的内涵，"十一五"期间，中国财税体制改革打响了一场难得的加快公共财政建设的攻坚战。党的十八大提出，加快改革财税体制，健全中央和地方财力与事权相匹配的体制，完善促进基本公共服务均等化和主体功能区建设的公共财政体系。

十八届三中全会通过的《中共中央关于全面深化改革若干重大问题的决定》对深化财税体制改革提出了明确要求，强调并指出，"财政是国家治理的基础和重要支柱，科学的财税体制是优化资源配置、维护市场统一、促进社会公平、实现国家长治久安的制度保障。必须完善立法、明确事权、改革税制、稳定税负、透明预算、提高效率，建立现代财政制度，发挥中央和地方两个积极性"。"建立现代财政制度是党的十八届三中全会立足全局、面向未来提出的重要战略思想，是中央科学把握现代国家发展规律做出的重大决策部署，抓住了改革开发的关键环节，对于完善中国特色社会主义制度、全面建成小康社会和实现中华民族伟大复兴中国梦具有重大而深远的意义"（楼继伟，2013）。从公共财政理念的接受，到公共财政框架设计，到党的十八大提出完善公共财政体系，再到十八届三中全会提出建立现代财政制度，可以说，我国的公共财政体制建设，经历了一个认识不断提高、理论不断升华、实践不断丰富的过程。

四、利用公共财政理论，服务我国财政改革

公共财政产生与发展的过程，同时也是市场经济产生与发展的过程。我国进行财政改革既要借鉴西方公共财政理论，又要立足于我国的国情，立足于社会主义市场经济体制还不完善这一实际，逐步建立具有中国特色的公共财政管理模式。

（一）公共财政理论对我国财政改革的借鉴意义

一方面，西方的公共财政理论是以私有制为基础，在个人主义价值观指导下形成的，我国的财政改革不能照搬；另一方面，它又是西方几百年市场经济发展史的经验总结，反映了市场经济的共同规律。因此，对于西方公共财政理论，要取其精华，去其糟粕，借鉴其有利于市场经济发展的经验，为我国的公共财政改革服务。

1. 公共财政的公共性特征要求处理好政府（或财政）与市场的关系

首先，从总的方面来说，政府（或财政）与市场的经济职能是相同的，如资源配置、收入分配是两者共同的基本职能，只是由于两者的运行机制不同，从而导致二者在实现同一职能的适用领域、作用方式、经济效应上的不同。其次，市场失灵产生政府干预的必要，同样，政府干预也存在缺陷。财政作为政府干预的主要手段，可能产生正效

应（即有助于弥补市场失灵），也可能产生负效应（即不仅无助于弥补市场失灵，甚至会干扰市场的正常秩序）。另外，公共财政关心的不是在政府或市场的经济职能之外另寻什么新的职能，而是如何界定各自的最适领域和最佳的结合方式，最终实现公平与效率的最优结合。党的十八大报告明确指出，经济体制改革的核心问题是处理好政府与市场的关系问题，要求更加尊重市场规律，更好地发挥政府作用。十八届三中全会《决定》指出，"经济体制改革是全面深化改革的重点，核心问题是处理好政府与市场的关系，使市场在资源配置中起决定性作用和更好地发挥政府作用。市场决定资源配置是市场经济的一般规则，健全社会主义市场经济体制必须遵循这条规律，着力解决市场体系不完善、政府干预过多和监管不到位问题。……大幅度减少政府对资源的直接配置，推动资源配置依据市场规则、市场价格、市场竞争实现效益最大化和效率最优化。政府的职责和作用主要是保持宏观经济稳定，加强和优化公共服务，保障公平竞争，加强市场监管，维护市场秩序，推动可持续发展，促进共同富裕，弥补市场失灵。"因此，强调公共性这一特征具有强烈的现实意义。

2. 公共财政是由"公共"对其规范、决定和制约的财政

政府的权力是全体人民赋予的，权力的行使又需要通过纳税人提供的税收来买单。因此，政府必须接受公众的监督，这就要求公共财政必须具有很高的透明度。另外，公共财政必须是规范化、法制化的财政。而我国目前财政缺乏应有的约束、规范和监督，使得财政管理出现了秩序混乱（乱摊派、乱收费以及偷税漏税等）、行为混乱（财政投资支出及财政项目支出的不规范等）、预算分配实质上的无计划等问题，因此，改进我国财政活动中的运作机制程序，使之对公共性质的政府财政行为具有根本约束力，应是我国财政工作的当务之急。

（二）公共财政改革应立足于我国基本国情

市场经济是一个一般与特殊的结合体，搞市场经济不仅要看到市场经济的共性，更要看到我国社会主义市场经济的特殊性，看到我国正处于社会主义初期阶段，生产力还比较落后，这就要求我国的财政改革必须立足于我国的国情。

第一，作为一个发展中大国，由于生产力水平仍然较低，市场发育程度不高，市场机制还不健全；目前还处于市场化、城镇化和工业化进程之中；而且，作为一个后发展国家，我国政府还要承担起引领经济腾飞、赶超发达国家的重任，这就必然要求我国政府要比发达国家承担更多的职责。当然，不能以此为借口而过多地干预市场，只要市场能够解决了的，就应该逐步退出这些领域，否则就会造成新的政府"越位"问题。

第二，作为一个社会主义国家，还必须维护公有制的主体地位。公有制的主体地位主要体现在：国有资产在总资产中占优势；国有经济控制经济命脉，对经济发展起主导作用。这里的控制力主要侧重于关系国民经济命脉的重要行业和关键领域，这就必然要求财政在逐步退出市场竞争领域的过程中，必须贯彻社会主义基本经济制度的要求，实现公有经济的控制力，维护和巩固社会主义的经济基础。这一点决定了我国的公共财政是与国有资产经营财政并存的公共财政。西方国家的市场经济建立在私有制基础上，但这一点并不妨碍其政府拥有一定数量的国有资产。不过，西方国家的国有资产占社会资产总量比例低，所处领域一般为市场难以有效作用的领域，因此，其存在的意义主要在于弥补市场失效、满足社会公共需要方面。也就是说，西方国家政府具有的双重身份中，资产所有者身份是从属于社会管理者身份的。我国的市场经济则是建立在社会主义公有制的基础之上，政府拥有巨额国有资产。这些国有资产不仅数量庞大，而且分布的领域也相当广泛，其中有相当数量的国有资产分布在市场有效的领域，提供的是私人产品，满足的是私人需要。因此，我国在建立市场经济的过程中，不可能与西方国家一样，把全部国有企业纳入公共经济范畴。这就意味着必须要把公共财政建设过程与国有企业改革过程结合在一起。

经过三十多年的探索和实践，我国国有企业改革不断深入，国有企业经营机制、管理体系、企业面貌都发生了根本性变化。现代企业制度建设成效卓著，全国90%以上的国有企业已经完成公司制股份制改革；国有经济布局进一步优化，国有企业从中小企业、一般加工行业逐步退出，政企、政资分开已迈出实质性步伐，国有资产管理体制逐步完善，国有资本经营预算制度初步建立。国有经济已经同市场经济相融合。

从理论上讲，不能实现国有企业的合理定位，我国的公共财政就无法建立。十八届三中全会提出，进一步深化国有企业改革，首先要准确界定国有企业的功能，实施分类改革监管。（1）对提供公益性产品和服务的企业，如供水、供电、供气、公共交通等，要加大国有资本投入，支持其在提供公共服务方面做出更大贡献，同时进一步规范公司治理，建立符合企业功能定位的考核评价体系，有针对性地加强服务质量、价格等监管。（2）对国有资本继续控股经营的自然垄断行业的企业，要实行政企分开、政资分开、特许经营、政府监管为主要内容改革，根据不同行业特点实行网运分开、放开竞争性业务，推进公共资源配置市场化，加强行业监管和社会监督。（3）对一般竞争性领域的国有企业，要按照市场化的要求，依托资本市场，推进公众公司改革，鼓励战略投资者参与国有企业改组改造，实现国有资产资本化，提高国有资本流动性（苗圩，2013）。

国有企业深化改革的结果，就是使我国财政体系从整体上产生了一种二元结构的特征。财政体系成为有公共财政和国有资本财政组成的统一整体。二者互为补充、相辅相成。其中，公共财政是财政体系的主体，由政府以社会管理者身份（也掌握处于公共部门的非经营性国有资产），主要凭借政治权力，从全社会范围内取得税收，通过预算支出向全社会提供公共产品和服务，满足公共需要；国有资本财政则是财政体系的基础，表明我国财政的社会主义性质；由政府以资本所有者身份（也掌握经营性国有资产，以营利为目的），主要凭借经济权力，取得国有资产收益，通过投资等支出安排，实现资产保值、增值的目标。

第三，作为一个处于体制转轨期的国家，我国的公共财政必须具有更强的宏观调控能力。我国正处于从计划经济向市场经济的转轨时期，旧体制逐渐消退，但计划经济的思维方式已经成为部分人和政府部门的思维定势，其影响短时间内还不可能完全消除；新体制已经到位，在经济、社会生活中发挥越来越大的作用，但在短时间内还不够健全，这就使我国政府面临着较为繁重的宏观调控任务：一方面，西方市场经济国家遇到的市场失效在我国同样存在，需要政府调控；另一方面，西方国家在健全的市场经济体制下不存在的市场失效在我国则由于市场体制不健全、受计划体制的干扰等原因而发生和存在，也需要政府调控；再者，由于体制转轨而出现的两种体制调控的真空地带更需要政府进行调控。因此，我国的公共财政面临着更重的宏观调控压力。同时，也应该看到，我国公共财政也具备实施更强的宏观调控的能力。这种信心首先来自于庞大的国有资产存量所提供的坚实的物质基础。其次，来自于我国对于计划体制下反映财政调控共性规律的理财经验的继承和对西方国家丰富的宏观调控经验的借鉴。最后，集权化的政府管理模式也使得我国公共财政所实施的宏观调控具备了强有力的组织和领导能力。

第四，作为一个发展极不平衡的国家，我国的地区差异、城乡差异和居民收入分配差异悬殊，这就需要财政运用转移支付等再分配手段进行调节，以促进经济的健康发展和社会的稳定。

第二节　我国公共财政建设对
财政评审的新要求

近年来，我国财政形势发生了很大变化。当前，我国财政改革与发展的重点主要有五个方面。一是财政体制由过去的吃饭型财政、建设型财政，向为全社会提供公共产品和公共服务的公共财政转变。二是要加大对建设社会主义新农村的投资力度。三是贯彻落实科学发展观，促进经济增长方式转变，要加大环境保护和能源节约方面的资金投入。四是围绕公共财政体系的完善，以增强财政保障能力为重点，致力于"发展型、民生型、绩效型、公开型"财政建设。五是继续深化包括部门预算、国库集中支付和政府采购在内的一系列预算管理制度改革，全面推进科学理财。这些改革措施，都需要通过提高财政管理的科学化、精细化和规范化水平来推行，需要专业技术力量来支撑，需要专业技术队伍来参与和配合。财政评审机构凭借其专业技术优势以及多年的工作基础和经验，能够适应这种需要，增强财政改革具体操作中的技术含量。

财政部已充分认识到在公共财政体制下财政评审在部门预算管理工作中的重要作用，并进入建章立制的实际操作阶段。财政部领导对财政评审做出了一系列重要指示或批示：要"合理设计投资评审的职责和业务范围，探索投资评审为部门预算编制和项目库建设服务的有效途径。""要将评审引入到预算的项目管理上，包括项目库的管理上；要以此为依据，作为项目支出的安排、调整的必要环节；必须有一支过硬的队伍，所提供的评审结果经得起考验。""从下一步深化部门预算改革、完善预算项目库建设、提高预算编制和执行效率的趋势看，必须建设好、使用好我部的投资评审机构。要结合预算改革来设计评审机构的职责和业务范围，使其逐步与预算管理有机地、紧密地结合起来。"总体来看，财政评审被摆到了比以往任何时候都更加突出的位置，迎来了前所未有的发展机遇。财政评审的理论定位与科学发展必须放在公共财政建设的大框架中加以考量，同样，公共财政建设与改革发展，也需要财政评审的发展与推动。

一、加强财政评审的必要性分析

我国财政正处在一个改革与发展的新阶段，传统的财政管理理念、方式方法已不能满足财政改革与发展的现实和长远需要，迫切需要深入推进改革，加快实现由"粗放式"管理向"科学化、精细化"管理转变，真正建立起结构合理、制度创新、操作规范、运行高效、管理科学、公开透明的财政管理体制机制。而其中，财政评审起着无可替代的重要作用，这可以归纳为以下五个方面：

（一）加强财政评审，是落实科学发展观、构建和谐社会的必然要求

公共财政是落实科学发展观、实现"五个统筹"，构建民主法治、公平正义、诚信友爱、充满活力、安定有序、人与自然和谐相处的社会主义和谐社会的物质基础、政策手段和体制条件，其中，财政支出是促进经济社会结构优化、实现协调发展、维护社会公平最直接、最有效的手段，事关国计民生政策能否得以贯彻落实。全面贯彻落实科学发展观，加快构建社会主义和谐社会，既要注重提高财政资金的保障水平，又要注重提升财政资金的管理水平，这就迫切需要加强财政评审工作。

（二）加强财政评审，是建立现代财政制度的必然要求

十八届三中全会提出建立现代财政制度的构想，其中预算管理成为首批改革重点。其中，"审核预算的重点由平衡状态、赤字规模向支出预算和政策拓展"。"这是我国预算审批制度的重大改革，必将有利于加强人大对政府预算的审查监督，也有利于改善政府宏观调控，促进依法治税"（楼继伟，2013）。将支出预算和政策列为人大预算审议的对象，意味着我国对预算支出管理前所未有的重视程度。这就对预算的编制质量提出了更高要求，而财政评审在事前环节对于项目立项的必要性、预算投入的合理性与准确性方面做出的技术性审核与评价对于这一目标的实现起到重要的保障作用。因此，进一步加强财政评审在预算编制环节的工作力度和强度具有更加重要的意义。

（三）加强财政评审，是依法行政、科学理财的必然要求

随着经济社会的发展，社会公众的法制观念和民主监督、民主理财意识越来越强，对财政分配透明度的要求越来越高，特别是对财政资金分配的规范性、效益性尤为关注。同时，近年来人大、审计部门对财政管理的监督力度也越来越大。所有这些，对财政部门依法行政、科学理财提出了新的更高的要求。财政部门作为政府"管家"、为民

理财的部门，必须提高依法行政、科学理财的水平。要做到这一点，很重要的一个方面，就是要加强财政评审工作，通过对财政支出分配程序合规性、规模合理性、项目绩效性进行评审，使各项资金的决策更加科学、分配更加合理、管理更加精细。

（四）加强财政评审，是财政科学化精细化管理的必然要求

目前，我国的财政管理普遍存在着预算编制不细、约束不力、科学化和精细化程度不高等一系列突出问题，既不利于充分发挥财政资金的使用效益，又严重影响着财政部门的形象。根据《预算法》相关规定，财政部门具有合理使用和监督管理财政资金的重要职责。加强财政评审，提高财政管理的科学化、精细化水平，不仅是财政部门的职责所在，也是进一步提升财政部门形象，衡量财政干部理财能力和理财水平的重要标准。加强财政评审，可以有效提高决策的科学性，减少财政分配上的偏差和失误。另一方面，财政评审是规范资金分配程序的一项重要内容。财政评审的直接效果是财政资金投入额的核减或核增，间接效果则是健全完善了财政资金项目规范化管理机制。财政评审不仅有利于遏制项目单位截留、挪用资金，高估冒算和"三超"等浪费现象，保证财政资金使用的安全性、合规性和有效性，而且能够为提高财政预算安排的科学合理性和透明度提供无可替代的技术保障。

（五）加强财政评审，可以有效提高财政资金的使用绩效

在预算编制阶段，通过对项目预算进行评审，可以发现和剔除项目预算中的不合理因素，发现和纠正项目设计和资金安排方面的缺陷，有利于科学、合理地确定项目预算。在政府采购阶段，通过对项目招标标底进行编制或评审，合理确定招标最高控制价，可以有效地规范招标投标过程，防止招标投标过程中的违法违纪行为。在资金支付阶段，通过对项目资料、有关合同、实施情况等进行评审，合理确定资金拨付数额，可以为国库集中支付提供可靠依据。在项目竣工财务决算审批阶段，通过对工程成本和各项费用支出进行评审，可以剔除违

规和不合理支出，准确确定项目造价，并对擅自超标准、超规模、超概算形成的资金缺口，及时研究提出处理意见，以防患于未然。在项目交付使用阶段，通过对项目进行绩效评价，既可以对项目进行全面总结，又可以通过对大量个体项目的综合分析归纳，探索项目支出的共性与发展变化规律，为新一轮预算编制和项目安排提供量化的参考依据。目前，随着各级财力的快速增长，专项资金规模越来越大，财政支出项目越来越多，迫切需要强化事前、事中、事后的评审，及时发现项目预算编制及资金拨付和使用中存在的体制机制问题，为提高财政资金使用绩效提供技术支持。

二、进一步强化财政评审在财政管理中的地位

近年来，我国各级财政部门在加强财政管理方面做了大量有益的探索，采取了一系列切实有效措施，取得了很大实效。公共财政管理的制度框架已经初步成形，财政的宏观调控能力进一步增强，财政管理的科学化、精细化、规范化水平有了明显提高，财政资金的使用效益和效率日益提高，财政资金分配使用过程逐步走向公开透明，为经济社会发展、政府职能转变和科学发展观的全面贯彻落实做出了积极贡献，也为今后进一步深化和完善财政改革打下了坚实基础。

但是，从目前我国财政管理总体情况看，还存在一些不容忽视的问题，需要通过采取切实可行的措施尽快加以解决。

(一) 预算编制不规范

尽管财政部要求各地采用零基预算编制方法编制部门预算，但在许多地方，很多项目在预算编制仍难以摆脱"基数加增长"的方法。基数本身就是既得利益的反映，是否合理值得研究。在"基数加增长"的预算编制方法下，人为因素、历史因素所占比重较大，从而固化了原有的供给范围和支出结构。这不仅造成了部门和单位之间经费供应上的苦乐不均，而且增强了财政支出的刚性，使财政资金的使用绩效大打折扣。

（二）预算编制过程审核力度不够

当前，财政部门对基本支出预算的审核比较规范，但对项目支出预算的审核还缺乏有效的手段，项目支出管理还较为粗放。尽管绝大多数财政部门设立了专职财政评审机构，但财政评审还未成为项目支出预算编制审核过程中的必要环节，财政评审在项目预算管理中的作用尚未得到充分发挥。在这种情况下，项目是否必要、可行，预算安排是否合理、准确，都缺少技术性量化依据。因此，财政管理的科学化水平有待于借助评审而提高。

（三）预算执行监督不力

项目预算确定之后，财政部门按预算向各有关部门和单位拨款。部门和单位在具体使用财政资金过程中，存在着乱支、挪用、浪费等现象。政府审计部门每年依法对财政资金使用情况进行审计时，都能够发现很多问题，而且有些问题还比较严重。特别是一些项目支出，违反相关管理规定和程序，由少数人违规决策，违规操作，缺乏必要的透明度，容易滋生权钱交易、贪污受贿、损公肥私等违法乱纪现象，财政资金损失浪费现象较为严重，使用效益不高。

这些问题的出现，与有关部门和项目单位的管理固然有很大的关系；但是，更大程度上与财政评审职能和地位不明确、未得到足够的重视有关。如果将财政评审纳入项目预算编制和实施的全过程，上述问题将会得到很大改善。近年来，尽管国家对财政评审给予了一定程度的重视，但与财政科学化、精细化管理的要求相比，还远远不够。我国至今尚未对财政评审对政府预算管理的促进作用进行深入研究，也未制定出台层次高、约束性强的财政评审管理法律法规。因此，长期以来，我国的财政评审工作一直处于摸索、徘徊、彷徨之中，有时甚至停滞不前，在财政管理中仍未立稳足、扎下根。

具体表现为：各级财政部门对财政项目支出预算的编制与审核，目前还主要依靠传统的政策或制度手段进行，深度和细度还远远不够；或根据预算管理者个人的主观意愿，或象征性地交由财政评审机构进行评审，或委托社会中介机构进行评审，因此预算编制质量根本无法得到保障。在这种粗放的项目支出预算管理体制下，不可避免地会出现这样的现象：部门和单位不需准确申报的预算仍可以争取到财政资金，待资金下达后再落实项目和具体实施计划，对预算的法律约束性和严肃性视若罔闻；造成项目支出预算管理的恶性循环和财政资金的极大浪费。

为此，我们认为，为了适应十八届三中全会以来建立现代财政制度、提高国家治理水平的重大现实需要，必须特别重视技术因素在政府预算特别是项目预算管理中的作用，提升技术因素在预算管理中的地位，使预算管理尽快实现由过去主要依靠制度手段向制度与技术手段并重的重大转变，进一步提高财政支出决策与管理的技术含量，确实提升财政管理的科学化、精细化水平。要实现这一目标，当前最为迫切的就是要确立财政评审在财政支出管理中应有的职能和地位，将其作为加强现代预算制度建设的重要手段。

第三章

财政评审的理论定位

对财政评审进行深入、系统地研究，从理论上、体制机制上解决当前财政评审面临的问题，最大限度地发挥财政评审在公共财政建设中的重要作用，是当前理论界和各级政府、财政部门义不容辞的职责，而从理论上对财政评审职能定位和机构性质进行研究，更是迫在眉睫。科学、合理地定位财政评审，对提升公共财政保障力与贡献力，提升财政科学化、精细化管理水平，具有重要的现实意义和深远的战略意义。

从提升我国公共财政的保障力和贡献力层面看，财政评审是促进财政政策有效落实的重要手段。财政政策是国家调控宏观经济常用的政策工具之一。1998~2004 年，我国实施了积极的财政政策，2005 年因经济形势发展变化，又转而实施稳健的财政政策。2008 年下半年，为抵御国际经济环境对我国的不利影响，保持经济平稳较快发展，财政政策又从"稳健"转为"积极"，货币政策从"从紧"转为"适度宽松"，中央制定出台了"十大措施"和 4 万亿投资计划①。这些积极的财政政策一直延续至 2012 年，只是具体内涵和侧重点因经济调控目标的不同而有所改变，但从总体上看，随着积极财政政策的推行，财

---

① "十大措施"具体包括：一是加快建设保障性安居工程；二是加快农村基础设施建设；三是加快铁路、公路和机场等重大基础设施建设；四是加快医疗卫生、文化教育事业发展；五是加强生态环境建设；六是加快自主创新和结构调整；七是加快地震灾区灾后重建各项工作；八是提高城乡居民收入；九是全面实施增值税转型改革；十是加大金融对经济增长的支持力度。4 万亿元投资计划中，中央政府将通过发行国债的形式筹措 1.18 万亿元。

政投资规模迅速增长。为保证财政政策得到有效落实，确保财政资金使用的规范性、安全性和有效性，就必然需要越来越广泛、越来越规范地使用财政评审这一工具，在项目立项、预算编制及执行、绩效评价等环节不断加大财政评审的力度。

从提升公共财政管理水平层面看，财政评审是实现财政科学化、精细化管理的必要手段和环节。为深入贯彻落实科学发展观，更好地发挥财政职能作用，提高财政管理绩效，财政部于2009年8月印发的《关于推进财政科学化精细化管理的指导意见》（财办〔2009〕37号），对推进财政科学化、精细化管理作了全面部署，把财政评审作为财政管理的重要手段，给予了高度重视。要求：认真开展部门预算编制抽查、重大支出项目评审等工作；结合国家宏观经济政策导向，合理利用国外优惠资金，把好国际金融组织和外国政府贷款项目评审关，积极探索有效的项目评审工作机制，进一步提高项目执行质量和资金使用效益；加强项目库建设，推动项目支出预算滚动管理，做好项目的遴选、论证、审核和排序。2010年1月，山东省财政厅印发的《关于推进财政管理科学化精细化管理的指导意见》（鲁财办〔2010〕1号）要求：建立重大项目支出预算事前评审机制，使项目预算做到实、细、准；加强财政支出项目评审论证，加大投资评审力度，并将评审结果作为编制支出预算的重要依据；建立评审监督体系，把好国际金融组织和外国政府贷款项目评审关。财政部《预算绩效管理工作规划（2012～2015年)》（简称《规划》）提出，"预算绩效管理着重围绕'建立机制'、'完善体系'、'健全智库'、'实施工程'等重点工作来推进"。在《规划》要求实施的扩面增点、重点评价、质量提升和结果应用四项工程中，把"发挥投资评审机构作用"作为实施绩效评价质量控制的主要手段。以上表明，在提升财政管理科学化、精细化水平过程中，财政评审工作被摆到了比以往任何时候都更加突出的位置，财政评审也必将更好地发挥其"技术管理"的优势，成为"制度管理"和"政策管理"的重要补充。

第一节 观 点 简 评

在我国，财政部门对财政投资项目进行评审管理，始于20世纪50年代，因此财政评审并不是财政部门的新职能。但在实践中，由于这一职能由财政部门委托相关机构代为行使，财政部对"财政投资评审"或"财政评审"概念的正式提出和应用，却比较晚，始于20世纪90年代末。自1999年各级财政部门正式开展财政评审工作以来，理论界和实践界逐步加大了对财政评审的研究。遗憾的是，历经十多年的实践、研究和探索，对"财政投资评审"或"财政评审"这一概念的内涵，国内各界一直见仁见智，至今没有统一的、权威的界定。现选摘部分观点简评如下：

一、关于财政评审的定义

定义一：李浩、贺玉明（2002）提出："财政投资评审是通过考察、评估和测算财政投资客体运作全过程，对相应的财政投资进行技术性、基础性的审定，保证其使用效益的一项管理工作，是财政部门实施优化资源配置职能过程中的管理活动。"该定义将"财政评审"定位于财政资源配置职能方面，与公共财政结合得较为紧密，拓展了财政评审的工作空间。不过，该定义仅将财政投资纳入财政评审的范围，具有较大的局限性；另外，有些表述还不够准确，例如，"评估"与考察、测算存在一定程度的重复，"技术性"与"基础性"互有交叉，易引起歧义。

定义二：哈尔滨、长沙等市财政评审管理办法作了如下定义："财政投资评审是指各级财政部门对财政性资金项目的概算、预算、决算进行评估审查的行为。"该定义将评审对象的范围概括为"财政性资金项目"，突破了以往将评审范围定位于"工程"领域的限制，涵盖了财政专项支出项目，拓展了财政评审为公共财政服务的空间，符合财政评审实践和理论发展的趋势。但该定义把评审领域局限于"三算"范围内，等于将其排除在项目前期研究论证、项目后评价之外，而且有些财政专项资金项目用"三算"来表述也不尽准确，因而值得商榷。

定义三："财政投资评审是政府预算管理的重要组成部分，它是由财政部门内部专司财政评审的机构，依据国家法律、法规和部门规章的规定，运用专业技术手段，从工程经济和财政管理的角度出发，对财政支出项目全过程进行技术性审核与评价的财政管理活动。"（康学军，2004）该定义将财政评审具体定位于"政府预算管理的重要组成部分"值得肯定。但该定义只突出了财政评审机构实施者的特性，忽略了其组织、协调、管理的特征，是一个缺憾（李怀瑾，2008）。

定义四：《财政投资评审管理暂行规定》（财建〔2001〕591 号）作了如下界定："财政投资评审是财政职能的重要组成部分，是对财政性资金投资项目的工程概算、预算和竣工决（结）算进行评估与审查，以及对使用科技三项费、技改贴息、国土资源调查费等财政性资金项目情况进行专项检查的行为，财政评审工作由财政部门委托财政评审机构进行。"该界定可以充分表明：财政投资评审是"财政职能"或财政部门的份内事，而不是其他部门的职能或其他行政职能；评审的范围或对象，不仅仅局限于财政性投资项目，也包含发展类财政专项资金项目。这与早期财政评审局限于财政基本建设投资相比，可以说是一大突破或创新，对促进地方各级财政部门投资评审机构的建立，推动地方投资评审工作的开展，发挥了积极作用。该定义出自财政部的部门规章制度，在国家层面法律法规缺位的情况下，无疑最具有权威性。

不过，从当前财政工作形势看，以上界定也不能完全适应当前公共财政管理的需要。为此，财政部在《财政投资评审管理暂行规定》颁布实施 8 年后，于 2009 年对其进行了修订，印发了《财政投资评审管理规定》（财建〔2009〕648 号）。该规定尽管未对"财政投资评审"下达专门的定义，但其第二条对财政投资评审作了如下表述：

"财政投资评审是财政职能的重要组成部分，财政部门通过对财政性资金投资项目预（概）算和竣工决（结）算进行评价与审查，对财政性资金投资项目资金使用情况，以及其他财政专项资金使用情况进行专项核查及追踪问效，是财政资金规范、安全、有效运行的基本保证。财政投资评审业务由财政部门委托其所属财政投资评审机构或经财政部门认可的有资质的社会中介机构（以下简称'财政投资评审机构'）进行。其中，社会中介机构按照《政府采购法》及相关规定，通过国内公开招标产生"。

这一表述与 2001 年 10 月颁布的《财政投资评审管理暂行规定》并没有本质区别，二者均有一定的局限性，主要表现在三个方面：

1. 评审范围过于狭窄

财政投资是政府为了实现其职能，满足社会公共需要，实现经济和社会发展战略，投入资金用于转化为实物资产的行为和过程，是一个广义的概念。而当前的财政评审范围局限于财政性资金投资项目的工程概算、预算和竣工决（结）算，把非工程类项目排除在了财政评审之外。修订时增加了对"其他财政专项资金使用情况进行专项核查及追踪问效"的相关内容，将财政专项资金项目实施的必要性、可行性和预算的合理性、准确性等关键内容和环节排除在外，与财政科学化、精细化管理对财政评审的要求相比，评审范围显然被界定得过于狭窄。

2. 财政评审和监督检查相互混淆

该概念将"使用科技三项费、技改贴息、国土资源调查费等财政性资金项目情况进行专项检查的行为"界定为财政评审，后修订为对"其他财政专项资金使用情况进行专项核查及追踪问效"。专项核查本身是一项检查活动，理应属于监督检查的范畴，与财政评审的"技术管理"特征有着本质的区别，不应由财政评审机构组织实施。显然，该概念混淆了财政评审和监督检查的内涵和外延。

3. 模糊或扭曲了财政部门和财政评审机构的关系

在评审机构与财政部门的关系方面，该概念始终未摆脱"委托"性质。2001 年的表述为"财政评审工作由财政部门委托财政评审机构进行。"2009 年修订为"财政投资评审业务由财政部门委托其所属财政投资评审机构或经财政部门认可的有资质的社会中介机构进行。""委托"二字不仅与"财政投资评审是财政职能的重要组成部分"的界定存在冲突，而且这似乎弱化了财政评审的必然性和强制性，隐含着不确定性、被动性和随意性。既然是"委托"，就意味着具有一定或很大的随意性和自由度。对于一个具体项目的评审，似乎可以委托，也可以不委托；可以早委托，也可以晚委托；可以全部委托，也可以部分委托；也意味着受托方具有讨价还价的可能或余地。同时，从以上概念似乎很容易得出这样的结论——财政部门和财政评审机构似乎是平行或非相容的关系（姑且不论级别的高低），财政评审机构似乎不是财政部门的内设机构，而是独立于财政部门之外的机构。

在此影响下，各地普遍的做法是，一个项目是否需要评审，是否进行评审，由财政内部预算管理机构自行确定，自行把握，具有较大的"自由裁量权"，随意性大，缺少应有的强制性和约束力。有些地方甚至直接委托社会中介机构全权组织实施财政评审，形成了事实上的"一托了之"。这样做实质上将财政职能随意、分散地交由社会中介机构代为行使，与以前将财政评审职能一次性委托建设银行代为行使相比，其实是很大的倒退。

以上关于财政评审定义的表述，具有各自的局限性，尤其是财政部（2001，2009）对财政评审的表述或界定，无论从理论上还是实践上，一定程度上已经制约了财政评审工作的健康、规范发展。

二、关于财政评审的职能归属

观点一：财政评审是财政部门的职能。

财政评审机构成立之初，有人认为"财政评审是财政职能的延伸"，后转变为"投资评审中心所做的工作，不仅是财政职能的延伸，应该说本身就是财政职能的重要组成部分"，再后来又变为"投资评审中心的职能就是财政职能的一部分"，或者说财政评审是财政部门的职能，是财政管理职能的一部分。中央财经大学教授马海涛、暨南大学教授沈肇章、中山大学教授杨卫华和谢贤星等，以及大多数的财政评审工作者都倾向于这一观点。在实际工作中，由于对财政评审职能定位的认识不同，导致各地财政评审工作的组织运作模式有"授权型"，也有"受托型"，具体为：

授权型之一：由各级人大或政府出台财政评审管理法规规章，授权财政评审机构负责项目评审工作。

授权型之二：由财政部门出台财政评审管理办法，授权财政评审机构实施财政评审业务，对需要委托社会中介机构进行的财政评审业务，也由财政评审机构统一组织实施。这种模式也体现了财政评审是财政职能的重要组成部分，是履行财政职能的重要体现。

全部委托型：对年度项目评审业务，由财政内部职能管理机构于年初一次性全部委托给财政评审机构，由财政评审机构编制年度财政评审计划，并根据项目轻重缓急向被评审单位下达评审通知书，具体组织实施评审。这种模式提高了财政评审工作的计划性，财政评审机构能够合理配置人员，提高工作效率。

分散委托型：由财政内部预算管理机构将评审业务"一事一议"地委托给财政评审机构或社会中介机构进行评审。这种模式实际上把财政评审机构视同为社会中介机构，随意性较大，严重削弱了财政评审职能，直接导致财政评审工作处于被动和无序状态。

观点二：财政评审是审计部门的职能。

目前，有的地方把财政评审作为政府审计部门的职责，甚至提出，没有审计部门的审计意见，财政部门不能拨付项目资金。近年来，各级审计部门成立了专职投资评审或投资审计机构，加大了政府投资审计力度。在实际工作中，财政部门和审计部门对此相互"协商"、相互"妥协"，把财政评审职能作为双方谈判的筹码。有的地方的协商结果是，建设工程预算由财政部门负责，竣工决（结）算由审计部门负责，并从中收取一部分费用。对这一现象，我们认为，财政评审是政府预算管理的环节和手段，是"管理"职能，而不是"监督"职能，如果交由政府审计部门来履行这一职能，则意味着财政部门的"缺位"或失职。而政府审计是代表政府实施监督工作的部门，如由其来履行财政评审这一"管理"职能，则好比同时扮演着"运动员"和"裁判员"的双重角色，将会造成政府职能的错位和混乱，同时也失去了外部监督。

观点三：财政评审是社会中介机构的职能。

有人认为，财政部门没有必要设立专职财政评审机构，现有的社会中介机构完全能够满足财政评审工作的需要。目前，财政部和许多地方财政部门，将相当一部分项目评审业务，完全委托给社会中介机构独立完成，并在管理制度中予以"合法"化。这种组织管理方式，实质上是将财政评审职能交由社会中介机构履行，客观上肢解了财政评审职能。究其原因，持这一观点或坚持这一做法的人，片面地认为财政评审的对象是基本建设项目，却忽略了财政专项资金项目。事实上，财政专项资金项目评审专业性强、技术复杂，评审难度大，常常需要相关领域的专家和学者给予专业技术支持，社会中介机构根本无法胜任。当然，目前各级财政评审机构现有人员在数量和专业水平上还无法完全满足财政评审工作的实际需要，财政部门首先应大力加强财政评审机构队伍建设，不断充实专业技术人员，并通过建立专业技术人力资源库等方式来弥补自身力量的不足，而不能将评审任务"一托了之"。

观点四：财政评审是各级人民代表大会的职能。

陈松林、王立公（2006）认为，财政评审是各级人民代表大会的监督职能，财政评审机构理应是各级人大的所属机构，并认为这样做的好处有三个方面：（1）能够提高财政评审的监督地位。人大监督在我国属于最高层次的监督，可以对部门监督实施再监督。财政评审职能由各级人大负责，更有利于发挥财政评审的职能作用，更有利于提高各级人大监督的质量和效果。（2）能够拓宽财政评审的范围。财政评审如果仅仅作为财政部门监督的范畴，那么，财政评审工作只能从财政资金管理的视角，对财政投资效果进行评价，仍然着重于事后的监督和评价。如果将财政评审作为人大监督的一个组成部分，不仅可以顺理成章地深入到财政支出项目管理的各个环节，而且可以对各部门监督的结果进行再监督，不仅拓宽了财政评审的范围，有利于财政评审工作的深化，也便于作出更深刻、更全面的财政评审结论。
（3）能够实现财政在公共支出项目上的投资管理职能与评价职能的
分离。如果把财政评审定位于财政职能的组成部分，那么财政部门
既是运动员，又是裁判员，很容易造成角色混淆，难以保证财政评
审结果的客观、公正、可信。而如果把财政评审定位于人大监督，
可以实现财政投资公共项目的管理职能与评价职能的分离。我们认
为，把财政评审定位为各级人民代表大会的监督职能这一观点，其
主要原因是混淆了监督和管理的概念，值得商榷。无论从财政评审
的历史沿革考察，还是从财政工作的现实需要分析，财政评审一直
是政府的份内事，是财政本身固有的职能。特别是，当前社会各界
对加强财政管理，提高财政管理的精细化、科学化、规范化水平的
要求和呼声越来越高，财政评审已成为财政管理不可或缺的环节。
人大监督固然重要，但不能因为其重要，就取代财政管理，相反，
人大对财政部门实施监督的对象恰恰是财政管理工作开展得如何。
当然，各级人大为了加大对财政工作的监督力度，可以充实人大财
经委的专业技术力量，甚至组建隶属于财经委的类似财政评审机构
的专门机构，这与财政评审不但不矛盾，相反却能够有效促进财政
部门和事权部门更加重视和强化财政评审管理，进一步提高部门间
对财政评审工作的相互配合。

第二节 财政评审的内涵

对于财政评审的定位和内涵，长期以来一直处于探索阶段。近年
来，财政部部长楼继伟、原财政部长谢旭人、副部长张少春等先后对
财政评审的职能定位问题做出了一系列指示或批示。他们多次强调指
出：要把财政评审作为预算管理的一个环节；合理设计投资评审的职
责和业务范围，探索投资评审为部门预算编制和项目库建设服务的有
效途径。要结合预算改革来设计评审机构的职责和业务范围，使其逐
步与预算管理有机地、紧密地结合起来。

我们认为，现阶段，将"财政投资评审"更名为"财政评审"更为妥当，其定义可作如下概括：财政评审是预算管理的重要组成部分，是由财政部门专职评审机构，组织专业技术力量，根据国家法律、法规和部门规章，对财政性投资和专项支出的必要性、可行性、合理性、绩效性等进行统一评价与审查的技术性管理活动。

这一定义可从以下几个方面来理解和把握：

（1）财政评审是什么？我们认为，财政评审属于财政技术性管理。

首先，财政评审是财政职能的重要组成部分，是预算管理不可分割的组成环节。这一内涵意味着应实行依法评审，对评审的约束要从非正式约束转向正式约束，全面实现财政评审的制度化和法制化；其次，财政评审属于管理性活动，并不具有"监督"属性，因而不能与财政监督职能混为一谈。鉴于财政评审的专业技术特性，可以将其定位于财政"技术管理"，和传统的财政"制度管理"相结合，共同构成财政管理不可或缺的两大支柱，使原来"单腿独行"的财政管理变身为"两腿"并行的有机整体（李和森，2009）。

（2）财政评审评什么？财政评审的对象或范围，涵盖财政性投资和专项支出（简称"财政项目支出"），主要对项目立项的必要性、实施的可行性、支出的合理性和执行的绩效性进行评价与审核。

（3）财政评审为了什么？财政评审的目的或服务宗旨，不是为了压减财政支出，而是为了更加有效、更加规范、更加安全地保障公共产品和服务的有效供给。

（4）财政评审谁来做？财政评审工作的开展，主要依靠和运用专业技术力量，也可根据需要借助社会上的优秀专业技术力量协助完成。

（5）财政评审谁来管？财政评审工作由财政部门的专职评审机构统一管理、统一组织并实施。

（6）财政评审在财政管理中的地位如何？鉴于其专业技术特性，可以、也应当将财政评审定位于财政技术管理，与传统的制度管理相结合，共同构成财政管理不可或缺的两大支柱，使财政管理在正常运行中采用两腿并行而不再"金鸡独立"。

具体地讲，准确把握财政评审的内涵应明确以下两个方面：

一、财政评审的本质属性是管理

"管理"的定义自古就有，但什么是"管理"，从不同的角度出发，可以有不同的理解。从字面上看，管理有"管辖"、"处理"、"管人"、"理事"等意，即对一定范围的人员及事务进行安排和处理。但是这种字面的解释不可能严格地表达出管理本身所具有的完整含义。关于管理的定义，至今仍未得到公认和统一。长期以来，许多学者从不同的角度出发，对管理作出不同的解释，其中较有代表性的有：（1）管理就是由一个或者多人来协调他人的活动，以便收到个人单独活动所不能收到的效果；（2）管理就是计划、组织、控制等活动的过程；（3）管理是筹划、组织和控制一个组织或一组人的工作；（4）管理可以看成是这样的一种活动；它发挥某些职能，以便有效地获取、分配和利用人的努力和物质资源，来实现某个目标。

但无论如何定义，现代管理学强调，管理就是在特定的环境下，对所拥有的资源进行有效的计划、组织、领导和控制，以便实现既定的组织目标的社会活动。管理的核心是计划和控制，财政评审也是计划和控制的过程。

财政评审是对财政投资和专项支出的计划和控制过程。财政评审对项目预算进行事前评审，以确定合理的项目预算规模，其本身就是财政计划管理的一部分。通过评审使财政分配计划更加准确，更接近实际需要；对项目进行跟踪评审或事中评审，就是对支出过程的控制，以将预算执行结果控制在计划的范围内；对竣工决算的评审或事后评审，就是结果的控制，是对计划执行结果的汇总；对项目进行后评价或绩效评价，就是审核是否实现预定的目标、为实现目标所投入的资源以及所产生的结果等。为今后确定计划及加强控制或管理提供经验。因此，财政评审是一个管理过程。

二、财政评审是专业技术管理

根据管理手段和性质的不同，现阶段的财政管理可以分为"制度或政策管理"和"技术管理"两大类。随着各级人大、政府和社会对财政管理科学化、精细化要求的不断提高，对于基本建设投资和专项支出项目，尤其是专业性强、技术含量高、实施程序复杂的项目，仅靠制度或政策管理手段无法满足工作需要，还需要借助于专业技术手段进行管理。如基本建设项目管理，管理人员不仅要有财政、财务方面的专业技术知识，更要具备丰富的工程建设方面的政策、理论知识和实践经验；再如财政专项资金项目，涉及的业务领域多，专业性更强，仅靠制度或政策管理手段，根本无法履行好管理职责，管理效果也会大打折扣。

财政评审则可以采取专业技术手段，对项目立项的必要性、实施的可行性及支出的合理性进行审核把关，与传统的制度和政策管理共同配合，作为财政部门加强管理的"两只手"，可以有效弥补制度或政策管理手段的不足，使财政管理更加专业化、精细化。

从信息经济学的视角，也可以更加清楚地认识财政评审的职能定位，更好地促进财政评审科学、规范、健康发展。信息不对称的情况在经济活动中是普遍存在的，在公共财政管理领域也不例外。财政资金首先是一种"公共资源"，不过，与经济社会发展面临的各种公共需要相比，这种资源又是有限的，因此财政资金又是一种"稀缺资源"。"公共"意味着这种资源的配置难以按照市场规律进行，因而无法直接分摊使用成本；"稀缺"则意味着不可能满足所有的资金需求。正因如此，在公共资源使用权的分配方面一直存在着强烈的竞争性。财政部门的职责就是保证这一分配过程的公平、公正与高效。在这一过程中，财政资金的使用方与财政部门之间形成一种博弈关系，双方都尽可能地在已有的制度框架和规则约束下，更好地实现各自的目标。不过，资金使用方总是比财政部门拥有更多的信息，如实际资金需求、项目本身的特征与属性等，因此这是一种基于信息不对称的博弈，而财政部门处于明显的信息劣势地位，博弈的结果将很可能有利于资金使用方。

在财政分配过程中，这种信息非对称的博弈时有体现，如有些部门在申报预算时拼凑项目、多报设备数量、提高建造标准、增加不必要的实施内容、套取财政资金、虚列支出等，被人们形象地称之为"狮子大张口"，大大增加了政府预算管理机构的审核量。由于当前我国财政预算编制时间安排紧、工作量大，要做到有理有据、有条不紊地挤干预算申报"水分"是极为困难的，在有些情况下，有些地方对所申报的预算往往采取"拦腰砍一刀"的粗放式审核、处理办法，这显然与财政管理的科学化、精细化要求相距甚远。

通过财政评审这一技术手段，则可以有效地减少财政管理中的信息不对称，这一点正是财政评审产生与发展的动因所在。财政评审环节的存在使预算管理机构能够更加全面地了解和掌握财政支出项目的实际情况，以提高决策的科学化水平。显然，这是提高财政管理科学化、精细化水平不可或缺的重要环节，应该融入政府预算管理的全部过程。"融入"意味着财政评审是预算管理的一个内在的、有机的、自然而然的、不可或缺的环节，财政评审结论应当具有约束力、甚至法律效力；"全过程"则意味着预算管理的事前、事中、事后各个环节都要有财政评审的参与。事前评审主要解决信息不对称问题，使财政部门更加全面地了解资金需求情况，从而有效地防范"逆向选择"的出现；事中与事后评审则可以使财政部门及时掌握财政资金的使用情况和项目的实施、绩效情况，抑制或避免"道德风险"问题的产生。

第三节　财政评审机构的性质

自 20 世纪 90 年代末开始，我国各级财政部门相继设立专职财政评审机构，并着手开展项目评审工作，在审减预算资金的同时，还查出大量不合理资金也提出了许多合理化意见和政策建议，为领导决策提供了重要依据，对提升政府预算管理的科学化、精细化与高效化保障公共财政的有效供给发挥了不可或缺的作用，得到了各方面的理解和支持，引起了各级领导的高度关注。现在，党政领导同志、财政部门和社会各界谈评审、用评审、重评审的气氛越来越浓，财政评审服务领导决策的空间也越来越大，正在由过去评审对象的"要我评"实实在在地转向了"我要评"，正在跨入"哪里有公共支出，哪里有财政投资，哪里就有财政投资评审"的新阶段。

不过，目前我国财政评审机构的定位与其实际履行的职能并不相称，尤其是自收自支性质的财政评审机构，已成为限制财政评审职能发挥的"绊脚石"，因此，全国财政系统尤其是财政评审系统，依法科学确定财政评审机构性质的呼声日益高涨。

关于财政评审机构的定性问题，多年来一直争议不断，始终没有达成共识。财政评审机构的性质界定出现了多种"版本"：①财政部投资评审中心已由自收自支事业单位，改为全额财政补助事业单位；②湖北省级和青岛市级财政评审机构为行政序列；③河北、河南、黑龙江、浙江、安徽、福建、江西、山东、湖南、广东、广西、云南、甘肃、内蒙古、新疆、西藏、上海、新疆建设兵团和大连、厦门等20多个省（兵团）和计划单列市，已将省（市）级财政评审机构改为参照公务员法管理的事业单位；④其他省、自治区、直辖市、计划单列市和地县两级财政部门的评审机构，有的为全额财政补助和部分财政补助的事业单位，有的为自收自支性质的事业单位。

目前，我国事业单位改革正处于定性和职能转型的关键时期，财政评审也处于大发展和大突破的战略机遇期。因此必须尽快对财政评审机构性质进行客观、公正、历史地评判和界定。我们认为，应尽快将各级财政评审机构统一明确为财政部门内设的行政管理类机构。这主要基于以下五个方面的考虑：

一、行政管理类定位有利于更好地发挥财政评审的职能

随着国家积极财政政策的深度推进和公共财政科学化、精细化管

理改革进程的不断提速，当前和今后，财政评审的作用越来越重要，工作任务越来越繁重，迫切需要充分发挥财政评审的职能，全面提升其服务力和贡献力。但是，由于长期以来我国对财政评审机构的定性不统一、不明确，不仅严重影响和制约了财政评审自身的改革与发展，而且也阻碍着预算管理的改革与发展，并且累积了诸多矛盾和问题。主要表现为：

（一）财政评审的职能界定五花八门，严重抑制了其作用的发挥

从中央到省、市、县，各级财政评审职能范围很不统一，于是各地财政评审机构各自为战、各行其是：有些机构设置比较健全，运行比较规范，有些甚至未设机构、业务开展随意；有些评审范围很宽，有些评审范围很窄；有些是全过程评审，有些是单环节评审；有些是事前评审，有些是事后评审。总体而言，我国财政评审的现有职能定位是不全面的，有残缺的，甚至是严重缺失的（张少春，2008）。有相当一些职能没有明确，无法履行，也有相当一些职能没有理顺或不够规范。

（二）财政评审的组织管理严重弱化，工作被动，制约了其效能的提高

多年来，绝大多数财政评审机构被定性为不同性质的事业单位身份，但实际上，长期以来，它们能行使的仍然是行政性的管理职能，可谓名不正、言不顺。从财政评审项目的计划制定，到评审任务的委托，再到现场评审的组织实施，财政评审机构常常处于受委托、"要我评"的被动、应急、忙乱状态，严重影响了工作的计划性和主动性，影响了财政评审效能的提高。

（三）评审机构队伍难以稳定，发展与壮大成为空谈

俗话说：事在人为。要实现财政评审作用的充分发挥和工作效能的全面提升，必须有一支素质高、能力强、持续发展壮大的评审队伍。但是，面对财政评审机构定性方面长期存在的多样性、滞后性甚至

残缺和错位，评审人员难免产生后顾之忧。随着事业单位改革的不断推进，财政评审机构究竟属于哪一类？职能会不会弱化？人心会不会散？待遇会不会降？这是不可避免、不容回避的现实问题。同时，财政评审机构的现有定性，也使许多地方政府感到茫然，诸多决策者甚至当事者，经常自觉不自觉地把财政评审跟政府审计、财政监督、社会中介混为一谈。这也许可以进一步解释或回答：历时十年，为什么至今仍有许多地方财政部门迟迟没有建立起专职财政评审机构？更值得关注的是，财政评审机构定性的不明确，长期下去将对我国财政管理体系的健全性与安全性产生不利影响。

从公共财政基本理论角度考察，财政评审是履行公共财政职能的具体表现。公共财政的职能包括资源配置、收入分配、调控经济和监督管理四个方面。财政评审通过专业技术手段，对财政支出项目进行审查，可以降低成本，减少浪费，提高资源配置的效率。因此，财政评审的主要职能在于具体实施财政资源配置职能，与政府审计、财政监督不存在职能重叠的问题。

从理论上讲，在我国市场经济建立和运行中，尽管市场在资源配置中发挥着基础性作用，但它对公共品难以实现有效地配置，即市场在公共品供给方面的失效；对财政投资而言，在追求经济效益的同时，还要考虑社会效益和综合效益，有些项目甚至没有经济效益。这种特殊性决定了不能仅仅采用单一的成本效益分析方法来评价财政投资的效益，必须统筹考虑投资项目的各种效益，对此作出客观评价，以帮助政府部门作出科学的决策，而最适合、最能胜任的评审机构，应当是政府财政部门的内设机构。

二、财政评审机构的行政管理类定位具有重要的法律依据

2006 年 1 月 1 日起开始施行的《中华人民共和国公务员法》规定：国家实行公务员职位分类制度，公务员职位类别按照其职位的性质、特点和管理需要，划分为综合管理类、专业技术类和行政执法类

等类别。专业技术类公务员是履行专业技术职责，为实施公共管理提供专门技术支持与保障的人员。从财政评审的工作性质和实施手段的技术特性来看，财政评审人员完全符合专业技术类公务员条件。退一步讲，各级财政评审机构至少应当定性为参照公务员法管理的事业单位，待将来各方面时机成熟了，再将其统一明确为行政管理类。

三、将财政评审机构统一明确为行政管理类是财政改革的重要选择

财政评审作为预算管理的重要组成部分，其定量分析和管理职能的实现，主要依靠专业技术手段支撑。在传统的财政管理模式下，对财政资金的分配使用，尽管也有严格的专业技术性管理或计量性管理，但往往偏重于制度性管理或政策性管理，至于科学化、精细化管理，则相对较为薄弱。在社会主义市场经济体制和现代公共财政制度的建立与完善过程中，必须特别重视技术管理在财政管理中的应用，强化和提升财政评审在政府预算管理中的地位和职能，使财政管理由过去主要靠制度管理，尽快转向制度管理与技术管理并重，以不断提升财政管理的科学化与精细化水平。显然，只有将财政评审定性为预算的"技术管理"范畴，定位于财政部门的行政管理机构，才能科学合理、现实有效地理顺财政评审与财政监督检查、政府审计、社会中介等之间的职能关系，才能使之各司其职、并行不悖，防止和消除相互之间因"重复、交叉、矛盾"引发的困惑与误解。

从委托—代理关系视角分析，也可以对财政评审机构的性质问题有更好的理解和把握。财政管理体系其实是一个典型的多重型委托—代理体系。首先，公共财政的本质属性决定了财政部门与全体公民之间的委托—代理关系。从法理意义上说，全体公民是各级财政部门的委托方，而财政部门是代理行使资金分配职责的受托（代理）方；其次，财政部门在资金分配过程中，会与下级财政部门形成新的委托—代理关系。在这层委托—代理关系中，下级财政部门是区域内财政利益的代表，自然比上级财政部门掌握更多的信息，拥有比较信息优势；

第三，在财政部门与资金使用者之间又形成一层新的委托—代理关系，其中，用款单位在信息方面拥有比较优势。当然，现实情况要比这三重关系复杂得多。

在这样一个多重委托—代理体系中，各类信息需要进行多次的传递与甄别，信息不对称、传导失真的问题非常突出，最终带来的结果就是"道德风险"的产生和不断加剧，造成财政资金分配与使用的低效。曾经被理论界广泛批评的"会哭的孩子有奶吃"现象，正是这一体系中信息传递与使用的扭曲造成的。

为了有效地解决这一问题，减少委托—代理层次是一个必然的选择。如果将部门预算管理机构与财政评审机构之间的关系也定位为委托—代理关系，那么无疑是又人为地增加了一层委托—代理关系，使整个预算流程更加复杂，操作难度加大。正是基于信息传递与科学设定委托—代理层级的考虑，财政评审机构不应具有单独的层级和利益属性，它的利益目标与部门预算管理机构是完全一致的，应当是财政"部门"的有机组成部分，也就是说，部门预算管理机构与财政评审机构，在财政管理的不同阶段，分别扮演着不同的角色、承担着不同的职责、发挥着不同的作用，两者之间不存在"委托"与"被委托"的关系。

四、将财政评审机构统一明确为行政管理类具有现实的制度基础

财政部明文规定，财政评审是财政职能的重要组成部分，由财政评审机构负责组织实施。地方政府和财政部门也制定和实施了许多相关的财政评审政策制度。如《山东省省级预算管理暂行办法》、《山东省省级项目支出预算管理办法》和《山东省省级项目支出预算评审管理办法》等规定，建立实施"先评审、再预算、后绩效"的财政评审管理制度，对各类重大财政支出项目的必要性、可行性和支出的合理性都要进行预评审；凡未进行预评审的，不能进入预算"项目库"，不能安排预算；经过评审的项目预期效益指标和完成指

标等，作为项目绩效考评的主要参考指标。很明显，上述制度办法已将财政评审定位于政府预算管理的重要环节，而且，在现实的政府预算管理制度运行过程中，财政评审机构实质上已经担当了行政管理类机构的角色。

五、行政管理类定位是财政评审机构属性的"复位"

财政投资评审，在我国早期由各级中国人民建设银行负责，当时的建设银行相当于财政部门内设的行政性职能管理机构，因此，财政评审机构自然属于行政机构。中国人民建设银行从财政部门独立后，受托"代行"财政评审职能，不过，这时期的建设银行仍然是行政性管理机构。后来，建设银行改制为商业银行，不宜继续"代行"财政评审职能，自然地，财政部门就"收回"了被代行多年的财政评审职能，交由隶属于财政部门的基本建设财务管理机构行使。应当说，这是财政评审职能的一次"回归"。之后，在财政部机构改革中，基本建设司被撤销，其职能由新组建的经济建设司担任，稍后设立了财政部投资评审中心，具体行使财政评审职能。不过，令人不解的是，该中心在设立之初被定性为自收自支的事业单位。随后地方各级财政部门相继效仿设立投资评审机构。于是，各级财政评审机构也不再是行政性机构，而成为自收自支、差额或全额财政补助的事业单位了。从性质上来说，财政管理职能历来都是行政性的。既然财政评审是财政管理职能的重要组成部分，那么，财政评审机构当然也应当是行政类的；任何非行政性机构，都不应当履行或代行财政评审这一预算管理的重要职能。显然，财政评审职能的行使主体，由"行政"走向"事业"，是一种扭曲、错位或倒退，因此，将财政评审机构统一明确为行政管理类，其实不是什么创新、发展或突破，而只是原有属性的"复位"或"回归"。

第四节 财政评审与预算绩效管理的融合

一、我国预算绩效管理改革的现实背景与主要进程

（一）席卷全球的新公共管理运动

自 20 世纪 70 年代末以来，随着全球化、信息化进程的加快，西方社会乃至整个世界发生了根本性的变化。公众的价值观念多元化、需求多样化，民主意识、参与意识明显增强。时代的变化对政府提出了新的要求，政府必须更加灵活，更加高效，更加具有应变能力和创造能力，更多地让公众参与公共管理。但是，传统公共管理体制僵化、官僚色彩浓厚，具有使行政机构规模和公共预算总额产生最大化的倾向，导致高成本、低效率的问题越来越突出。各国普遍面临政府开支过大、经济停滞、财政危机严重、福利制度走入困境、政府部门工作效率低下、公众对政府的不满越来越强烈等问题。在此背景下，西方国家纷纷开展了一场声势浩大、旷日持久的"新公共管理"或"再造政府"运动。虽然各国改革的内容、方式不尽相同，但目标大体一致，就是创造一个高效、廉洁、负责任的政府。其中，加强预算绩效管理既是各国政府改革的重要组成部分，更是推动政府改革的重要工具。

（二）我国预算绩效管理改革的主要进程

20 世纪 90 年代以来，随着我国市场经济体制的初步确立，预算管理制度也经历了一系列重大改革，逐步形成了覆盖预算编制和执行各环节的新的财政管理体系。在此基础上，为进一步提升财政科学化、精细化管理水平，我国也在着力探索预算绩效管理的理论与方法。

预算绩效管理是政府绩效管理的重要组成部分，也是我国预算制

度在今后一个较长时期内的改革与发展方向。近年来，党中央、全国人大、国务院高度重视预算绩效管理工作，多次提出要深化预算制度改革，推进预算绩效管理，提高财政资金使用效益和政府工作效率。党的十六届三中全会提出"建立预算绩效评价体系"的设想，这是中央政府第一次将"预算绩效评价"改革列入官方文件，从此揭开了财政绩效化改革的大幕。十七届二中、五中全会提出"推行政府绩效管理和行政问责制度"，"完善政府绩效评估制度"。2010 年 1 月 8 日，中共中央政治局第十八次集体学习以"世界主要国家财税体制和深化我国财税体制改革"为主题。胡锦涛指出，要把改革开放和社会主义现代化建设不断推向前进，就必须深化财税体制改革，完善公共财政体系，提高财政管理绩效。十一届全国人大五次会议关于预算审查结果报告明确提出，要进一步加强预算绩效管理，健全支出绩效考评机制，提高资金使用效益。温家宝总理在国务院第五次廉政工作会议上强调，要"探索建立政府绩效管理制度"。2011 年，财政部连续出台了《财政支出绩效评价管理暂行办法》（修订版）和《关于推进预算绩效管理的指导意见》，将财政支出绩效评价置于预算绩效管理的核心，对绩效评价的重视达到前所未有的高度。2012 年 9 月 21 日，在总结地方试点经验的基础上，财政部颁布了《预算绩效管理工作规划（2012 ~ 2015）》，提出构建"覆盖所有财政性资金，贯穿预算编制、执行、监督全过程"的预算管理体制模式。2013 年 4 月 25 日，制定并发布了《预算绩效评价共性指标体系框架》，使《规划》更具操作性。十八大报告将政府绩效管理作为深化行政体制改革管理创新、提高政府公信力的主要手段。财政部原部长谢旭人在对其解读时，将科学规范、注重绩效的预算管理制度作为完善公共财政体系的重要内容。要求健全预算绩效管理制度，将绩效观念和要求贯穿到财政管理的各个方面，通过建立"预算编制有目标、预算执行有监督、预算完成有评价、评价结果有反馈、反馈结果有应用的全过程绩效管理机制"，实现提高财政资金使用效益的目标。由此可见，绩效导向是当前和未来一段时期我国预算管理改革的主要方向。

财政部对绩效评价的探索始于 2002 年，先后颁布了《中央级科教文部门项目绩效评价管理办法》、《中央级行政经费项目支出绩效考评管理办法（试行）》、《中央政府投资项目预算绩效评价管理办法》、《中央部门预算支出绩效考评管理办法（试行）》、《财政扶贫资金绩效考评试行办法》、《中央企业综合绩效评价管理暂行办法》、《中央企业综合绩效评价实施细则》等文件。这些文件的共同特征表现为：重点关注财政支出的某个或几个方面，以项目绩效评价为主，基本处于试点阶段。在此基础上，2009 年 7 月，财政部颁布了《财政支出绩效评价管理暂行办法》，初步建立了财政支出绩效评价管理的整体框架，标志着财政支出绩效评价工作全面启动。同年 10 月 26 日，颁布了《财政部关于进一步推进中央部门预算项目支出绩效评价试点工作的通知》，仿照美国小布什政府绩效评级模式 PART[①] 建立了项目绩效评价的基本模式。

　　财政评审作为财政管理的一个重要技术手段，与预算绩效管理在服务公共财政的目标和方向上具有高度的一致性，两者浑然一体、密不可分、相辅相成。在预算绩效管理这个"大舞台"上，必将扮演重要角色，发挥重要作用。

二、预算绩效管理的含义以及改革的必要性

（一）预算绩效管理的含义

　　什么是绩效？亚洲开发银行的塞尔瓦托·基亚沃凯姆（Salvators Chiavocamp）认为：绩效是一个相对的概念，它可以用"努力"和"结果"这样的字眼进行定义。完全忽视绩效的主观方面是错误的，主观方面是外部效果的决定因素。因此，绩效实质上不仅包含外部效果，也包含内在的努力程度，它往往可以通过投入、产出和成果来描述。欧洲公共管理集团主席 G. 鲍卡尔特（G. Bouckaert）等将

---

　　① PART 是小布什政府时期建立的项目绩效评级工具"Program Assessing Rating Tool"的缩写。2002 ~ 2008 年，采用 PART，小布什政府完成了几乎全部联邦项目的评级，大大促进了美国绩效评价的规范化、普及化。

绩效作为定义结果和底线的一般性关键概念。经合组织将其定义为一个用来表示一种标准的术语，管理者和机构将对其负责，而不仅仅局限于遵守对投入消费方面的各种约束。美国《联邦政府绩效与结果法案》（GPRA）曾建议区分绩效与结果，但在实践中二者并非泾渭分明，反而是经常混用。IBM 政府事务中心高级研究员凯门斯基（J. Kamensky）等认为，公共管理就是为结果而管理，它始于绩效评价。

　　综合来看，预算绩效管理可以理解为绩效理念与预算管理过程的有机结合：通过制定明确的绩效目标，建立规范的绩效评价指标体系和评价标准，对绩效目标的实现程度从经济性、效率和有效性即 3E 等方面进行客观评价，并把评价结果与预算程序紧密结合的不断循环的综合管理过程。其中，绩效目标是具体财政支出项目计划在一定期限内达到的产出和效果。绩效目标应当尽量量化、清晰，以便编制预算并考核效果，如图 3 - 1 所示。

（二）加强预算绩效管理的必要性

1. 加强预算绩效管理是落实科学发展观的必然要求

　　科学发展观的核心是以人为本，在财政管理工作中落实科学发展观，就是要体现执政为民理念，科学合理地配置资源，切实发挥财政资金的使用效益，让广大人民群众满意，做到发展为了人民，发展成果由人民共享。政府预算管理只有充分注重绩效，预算支出只有产生实实在在的效益，才能更好地发挥公共财政职能，改善民生，促进和谐社会建设。加强预算绩效管理的根本目的就是改进预算管理、优化财政资源配置、提高公共产品和公共服务的质量、提高财政资金使用效益，改变长期以来财政资金管理使用中存在的"重收入轻支出、重分配轻管理、重数量轻质量"问题，这同科学发展观所强调的以人为本是完全一致的。

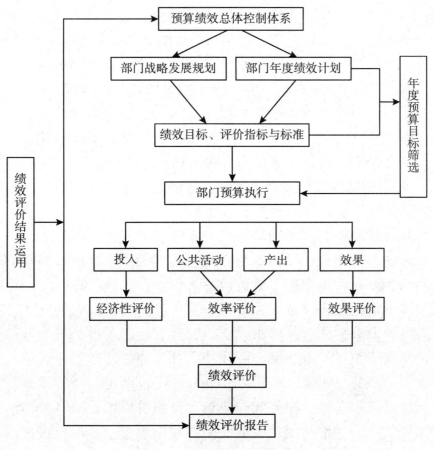

图 3 – 1　预算绩效管理流程

2. 加强预算绩效管理是建设高效、责任政府的重要内容

首先，加强预算绩效管理有利于转变政府职能，提高管理效率。当前，面对全面建设和谐社会的新形势新任务，我国行政管理体制还存在着一些问题，主要表现在：政府职能交叉，权责脱节，公共资源配置效率不高，公共产品和公共服务供给不足，考核体系不健全等。加强预算绩效管理能极大地促进上述问题的解决，提高政府工作效率。加强预算绩效管理，可以强化政府为公众服务的观念，强化对公共资源使用结果的关注，使政府行为变得更加务实、有效，有利于提高政府的决策、管理和服务水平。

其次，加强预算绩效管理有利于增强政府的责任意识，提升公共服务的质量。在以结果为导向的绩效管理中，每年的财政支出要与取得的产出或成效挂钩，上一年的表现会影响下一年的预算安排。地方、部门和单位申请预算时必须依据其职责，设定具体的绩效目标，准确计算达成目标所需的资金，力求避免浪费。"谁支出谁负责"的基本原则，使预算资金的申请变得谨慎，从而增强责任意识。美国政府问责局（GAO）[①] 的报告表明，一个有效的绩效管理系统能够成为推动组织内部变革和实现理想结果的战略工具。

3. 加强预算绩效管理是提高财政透明度的迫切需要

随着社会主义民主政治进程的推进，社会各界对预算信息公开的期望和呼声越来越高。特别是随着财政收支规模的不断扩大，社会各界在要求了解财政资金具体使用方向和内容的同时，也希望能够清楚财政资金的实际产出和使用效益情况。目前，我国已经按照《中华人民共和国政府信息公开条例》要求，大力推进预算信息公开工作，政府预算、大部分的部门预算和"三公"经费已经公开。虽然推进预算公开的步伐很快，但距全国人大和社会各界的迫切要求还有不小的差距。这其中既有思想认识不到位、公开约束机制不健全等因素，也有政府预算体系不完整、相关配套改革不到位等原因，同时也与预算资金使用绩效难以评价和度量等有关。有些财政资金分配出去之后，其使用绩效就远离了财政部门的视野。因此，要想了解财政资金的使用绩效，就必须进行绩效评价，并将评价结果与预算管理相结合，解决并回应预算公开后面临的社会质疑。

4. 加强预算绩效管理有利于公共财政体制的完善

首先，加强预算绩效管理有利于推进财政科学化、精细化管理。经过十几年的探索和实践，部门预算、国库集中收付、政府采购、非税收入管理等领域改革已经取得长足进展，财政管理的科学化、精细化水平在不断提高。但是预算编制时产出和效益目标不够明确，预算执行进度较慢、效率较低，预算执行结束后缺乏追责问效等，也制约了财政管理科学化、精细化向纵深发展。进一步推进预算绩效管理工

---

① 即 Government Accountability Office，其前身为 General Accounting office，2004 年 7 月启用现名，不过，其简称 GAO 保持不变。

作，在预算管理各个环节融入绩效理念，实现预算编制、执行、监督、绩效评价的有机统一，建立完善的预算绩效管理机制，必将大力提高财政管理的科学化、精细化水平。

其次，加强预算绩效管理有利于构建较为规范的公共支出管理体系。传统的预算管理模式，侧重于资金的规范安全和财经纪律的执行，对资金使用的有效性关注不够。随着财政管理制度改革的不断深化，各级财政、财务部门在关注有多大蛋糕可分配、分配到什么地方的同时，逐步开始关注花钱的效果和效率，如财政资金的使用是否切实解决了民生问题、是否缓解了社会矛盾、是否促进了科技创新、是否实现了教育公平、是否让社会公众满意、是否达到预期目标，等等。通过加强预算绩效评价，探索建立科学规范的预算绩效管理制度，必将有力地推动公共财政管理体系的完善。

三、财政评审融入预算绩效管理的理论基础

推行预算绩效管理是预算管理乃至政府管理模式的重大变革，在这一变革进程中，财政评审必将发挥重要作用，这是由财政评审与预算绩效管理的本质属性所决定的。二者之间，预算绩效管理更为宏观全面，而财政评审则相对微观具体。可以说，预算绩效管理其实是在财政评审成功开展的基础上，向着财政管理的科学化、精细化方向迈进的一大步，财政评审原来是、现在是、将来也是推进预算绩效管理的"排头兵"；只有重视和加强财政评审，预算绩效管理才能开展得更为扎实有效，取得的成效更加明显。

(一)"绩效"是财政评审与预算绩效管理共同的核心理念

实施绩效管理与传统管理的最大不同之处，在于把市场经济的基本理念融入到公共管理之中，从而有效地降低政府提供公共品的成本，提高财政支出的效率和效果。这种追求"绩效"的理念与财政评审的核心要求是完全一致的，即依据经济、效率、效果等标准来衡量组织的成就；开发绩效指标，使组织的成就能够被加以测量和比较，并据

此提供的信息作为未来决策参考。著名学者 T. 芬维克将其总结为著名的"3E"评价理念，即经济性（Economy）、效率性（Efficiency）和有效性（Effectiveness），它们构成了财政评审和绩效评价的核心内容。经济性是办好一件事是否可以少花钱；有效性是指"是否做了正确的事"，即政府支出是否实现了公共福利的增进，否则就是无绩效行为；效率性是指"是否正确地做事"，即所办之事与所花费的支出相比是否值得，可以用投入与产出之比来考察。

根据"3E"理论的要求，预算绩效管理首先表现在根据支出项目的轻重缓急决定其优先顺序，并对政府预算支出进行严格控制；其次，在项目实施方面，对项目所实现的效率和效果进行监控；再次，项目支出完成以后，对照绩效目标，及时进行绩效评价，获得充分的绩效信息；最后，通过高效的预算信息系统实现项目信息的反馈和利用，例如，将项目绩效的实现情况与个人责任相结合，实现对项目人员的激励和约束，奖优、罚劣、除庸、治懒；将评价结果作为下个周期预算编制的重要依据，以实现对项目的激励和约束。

（二）优质高效的公共服务是财政评审与预算绩效管理的共同目标

公共财政的基本理论表明，绩效预算执行的最终目标，就是满足广大民众公共需要，以换取人们的持续支持。只有在公共管理过程中深入贯彻绩效理念，将工作绩效——优质高效的公共服务作为有效的约束机制，传统的"对上负责"才能逐渐转为"对纳税人负责"。在预算绩效管理中，政府拨款的目的是提供公共服务，而不是养机构、养人，实际上没有纯粹的养人经费，养人也是为了干事。财政评审和预算绩效管理都是推动财政管理实现公共服务导向的重要工具。

（三）"契约论"是财政评审与预算绩效管理的共同理论支撑

根据"契约论"，政府是契约的受托方，是资源使用的代理方，而纳税人才是真正的委托方，政府必须对纳税人负责。也就是说政府必须要按照纳税人的意愿对公共财政资源进行分配和使用，并尽可能地用低廉的成本和优质的服务来满足公民对公共品日益增加的多样化需求。不过，这种契约关系的维持必须依赖有效的手段才能实现。政府预算和财政评审就是最有效的手段。通过对预算安排和预算执行（包括预算单位使用资金的过程）进行监控，以降低政府和预算单位的代理成本，提高预算绩效水平。在政府与部门的关系上，绩效管理视之为公共委托代理关系，将部门、单位视为公共事务受托人，将预算（支出）视为代理成本，将绩效评价视为财政作为政府的委托代理人所行使的监督权利。而财政评审的目的，也是为了将政府从纳税人那里所得到的财政收入有效利用，提供最优质的公共服务，减少浪费，在预算资金使用上真正做到对纳税人负责。

（四）"结果"是财政评审与预算绩效管理的共同导向

预算绩效管理是一种以结果为导向、以绩效评价为核心的管理方式。它强调以绩效作为公共财政资金配置的依据，包括从绩效目标确定、到财政资金分配（依据往年绩效）、预算执行管理（事中绩效监督）、结果评价的整个过程。传统的预算管理重投入、轻产出，割裂了资金支出效率与资金使用效益之间的天然联系。从管理目的上看，传统预算管理以控制投入为主，重视财政投入过程而非结果，考核的依据也是传统的以程序为导向的合规性考核，造成了政府财政资源的滥用和低效。而财政评审和绩效管理则强调用"企业家"精神改造政府，强调结果导向，同时要求赋予部门更多的灵活性，客观上对部门财务活动的合规性有更高的要求。财政评审始终强调对产出的控制，重视实际结果甚于重视程序。"结果导向"源自于企业目标管理理论，体现管理的终极目标在于使人们为结果而非行为过程负责的理念，指导思想是业绩为先，将目标的最终完成情况作为考核依据。20 世纪 90 年代以来，以美国、澳大利亚、新西兰为代表的 OECD 国家，在逐步放松对公共资源投入过程控制的同时，加强了对产出和结果的绩效考核，他们认为政府工作应着眼于结果而不是过程。

四、财政评审融入预算绩效管理的现实路径

从现实需求层面看，则应当从机构设置、职能深化、模式创新等几个方面着手，推进财政评审的自身转型及其与预算绩效管理的融合，以更低的成本、更高的效率，实现预算绩效管理效能的最大化。

（一）机构设置

当前，财政评审机构定位不科学、不清晰的情况在全国普遍存在。而要切实落实预算绩效管理这一宏观的改革思路和先进理念，必然需要相应的职能部门作为支撑。财政部预算司已经于 2010 年 5 月设立了绩效管理处，标志着全国预算绩效管理跨入新的历史发展阶段。从省级财政来看，截至 2013 年底 12 月，22 个省级财政部门成立了预算绩效管理工作小组，19 个省级财政部门、近一半的市级财政部门和近 3 成的县级财政部门设立或批准设立独立的预算绩效管理处室。长期看，财政评审与绩效评价两项工作之间具有高度的相似性和统一性，两机构分设并不科学。从工作目的上看，两者都是为了提高财政管理的科学化、精细化水平，是为了更加准确地对即将支出或已经形成支出的资金项目进行绩效评价，并对后续的预算安排提出意见和建议；从工作方式上看，两者都更侧重于技术手段的应用，侧重于在定性分析的基础上进行精确的定量分析；从组织方式上看，两者都强调财政部门牵头并借助社会中介的力量。换句话说，无论是财政评审还是绩效评价，其最终目的都是服务于财政中心工作，为部门预算提供技术支撑；二者在工作方式、技术手段等方面高度一致，硬性分开确无必要，相反，更容易造成实际工作中的混淆。因此，无论是从机构设置的科学性来看，还是从机构改革的现实性来看，将财政评审机构直接转型为预算绩效管理机构，是最科学、最经济的现实选择。这一方面可以保持绩效评价等业务的延续性，另一方面也可以最大限度利用原有的财政评审人员，避免重起炉灶可能带来的不便与反复，同时也从管理体制上杜绝财政部门内部绩效预算管理职能交叉

混乱的可能性。

（二）职能融合

预算绩效管理是解决财政资源配置的重要环节，是促进节约、高效利用财政资源的重要一环。《预算绩效管理工作规划（2012～2015）》将质量提升工程作为预算绩效管理工作重点之一，要求在实施绩效评价质量控制方面"发挥财政评审机构作用"。因此，可以深化财政评审的职能作用为切入点，最终将财政评审机构改组为预算绩效管理机构。为此，需要做到：

1. 明确职能职责

将财政评审机构更名为预算绩效管理机构，并由其负责拟订预算绩效管理的有关政策、制度和实施办法，既组织开展单位自评和重点评价，又实质参与各部门组织开展的绩效评价工作，真正把"第三方"评价落到实处。

2. 明确基本原则

应当坚持：先有评审、后有预算的原则，择优安排、滚动管理的原则，科学规范、注重效益的原则，跟踪问效、奖惩结合的原则，试点引导、逐步推进的原则。

3. 建立机制

增强专项资金分配和使用的绩效理念，建立健全专项资金预算管理与绩效管理相结合的奖惩约束机制，充分发挥专项资金的使用效益。

（三）模式创新——一体化运行

推进预算绩效管理，创新管理机制，将绩效理念融入预算管理全过程，使之与预算编制、执行、监督一起成为预算管理的有机组成部分。在预算编制环节，设立绩效目标，在评审确定具体项目金额的同时，对绩效目标进行审核评估；在预算执行环节，以绩效目标为导向，进行目标跟踪修正；在决算编制环节，对项目目标实现情况进行绩效评价，并将评价结论作为改进预算管理和以后年度预算编制的重要依据。具体包括：

1. 实行绩效目标管理

绩效目标是指使用财政资金的项目在计划期限内预期达到的业绩目标、产出和效果水平。绩效目标的制定，一般由使用财政专项资金的部门单位，根据有关规划和任务进行。加强绩效目标管理，建立和完善项目绩效目标的申报、审核、批复机制。部门申报预算的同时应填报绩效目标，用明确、清晰、可衡量的绩效目标和指标体现项目预期提供的公共产品、公共服务的数量和质量、产出和结果，制定切实可操作的绩效实施计划。绩效目标不符合要求的要进行调整，符合要求后方可进入预算管理的下一步流程。

2. 加强绩效监控，实行绩效拨款跟踪管理

根据预算安排和绩效目标，对项目年度预算执行过程进行绩效跟踪管理，及时掌握项目、项目实施进程、资金支出进度以及绩效目标的实现情况，绩效目标出现偏差的要及时采取措施进行修正，预期无绩效的项目要取消，预期不能完成目标的项目要根据具体情况调增或调减预算。同时，根据绩效目标的实现程度，严格把握财政资金拨付进度，提高预算执行效率。

3. 实施项目支出绩效评价

项目单位应在项目结束时或预算年度内对绩效目标实现及完成情况进行绩效自评价，并向财政部门提交项目绩效报告和自评价报告。财政部门根据项目单位自评结果，选择重大、重点项目作为绩效评价试点，逐步扩大评价范围。

4. 拓展评价结果应用，增强绩效责任

推进预算绩效管理，绩效评价结果应用是关键，直接关系到绩效管理工作的进程和方向。采取有效措施保障绩效评价结果的应用，促进部门改善预算管理，优化资源配置，提高政府行政效率和公信力。研究绩效评价结果在政府及其部门行政决策中的作用，将评价结果作为政府及其部门履责目标实现情况的重要反映，引入到政府决策过程中。建立绩效评价结果反馈机制，对绩效评价过程中发现的问题，要及时反馈给被评价部门和单位，作为其改进预算管理、提高公共产品质量和公共服务水平的重要依据。研究绩效评价结果与预算安排有机

结合的机制，逐步建立绩效问责制度，充分体现财政资金使用主体责任，形成"谁干事谁花钱、谁花钱谁担责"的机制。

第五节　财政评审与其他有关业务的关系

要科学界定财政评审的内涵和定位，加快提升财政评审在公共财政管理中的地位和作用，促进财政评审的可持续健康发展，需要正确理解和准确把握财政评审与部门预算管理、财政监督检查、政府审计、社会中介业务之间的关系。

一、财政评审与部门预算管理的关系

财政评审作为预算管理的固有环节，不仅是财政部门内部各预算管理机构的职能延伸和扩展，而且是延伸和扩展后的"集合体"，通过对项目立项的必要性、实施的可行性、支出的合理性、执行的绩效性等统一做出评价和审查，为财政管理的精细化、科学化提供专业技术支持。财政评审机构和财政部门内设的各部门预算管理机构之间，应该是互补关系，前者主要依靠专业技术手段实施管理，部门预算管理机构则主要依靠制度和政策手段实施管理，二者相辅相成、和谐共进共同为实现财政管理的"两化"目标服务。

在具体工作中上，财政评审机构应突出其作为部门预算管理的智囊和参谋角色，着力搞好三项服务，即：通过细化基础性审核，为合理确定项目服务；通过技术性审核，为准确核定预算额度服务；通过项目绩效评价，为优化支出结构服务。在评审结果使用上，部门和单位申请的项目是否进预算、支出规模与拨付时间等，最终由部门预算管理机构依据或参照评审意见和建议做出决定。

二、财政评审与财政监督检查的关系

多年来，对于财政评审与财政监督检查的关系问题，一直缺乏共

识和明确的界定，造成二者有时模糊不清，有时混为一谈，有时相互替代。有些地方将财政评审视为财政监督检查职能的一部分，在财政监督检查机构中内设财政评审机构；有些地方则认为二者你中有我、我中有你，在职能上相互交叉，在工作上重复进行。凡此种种，对财政评审机构建设、职能定位、关系协调、工作展开等，都产生了严重的消极影响。其实，财政评审和财政监督检查之间，职能不同，机构设置上也不同。财政评审作为政府预算管理的一个环节、一种手段，侧重于对财政投资项目预算和绩效的量化分析和量化管理，主要目的是为预算编制和执行提供决策依据。财政监督检查则侧重于对被检查单位的财务会计活动进行定性评判和检查审定，并对违规违纪行为做出相应处理或处罚。财政评审机构与财政监督机构以及其他财政部门内设职能机构之间，在机构设置上都应是平行的，既不交叉，也不重复。财政评审不可能取代或拒绝财政监督检查，恰恰相反，它本身也是财政监督检查的对象。

三、财政评审与政府审计的关系

财政作为管理部门，审计作为监督部门，二者分别以《预算法》和《审计法》为依据，在各自的职责范围内开展工作。财政评审是政府预算管理的环节，财政评审结论作为预算编制、执行和决算的依据，自然属于政府审计的范围。政府审计不仅可以对财政评审项目进行审计，所有的被评审事项，乃至整个财政管理活动，都是被审计对象。财政评审结论或评审报告，不管其权威性和影响力有多大，只能是财政管理职能的一个组成部分，只能作为预算编制、执行和决算的依据，根本不能、也不可能取代政府审计，更无权拒绝政府审计。同样，审计部门行使的审计监督职能，也不能等同和替代财政的管理职能。否则，不但形成事实上的审计部门"越位"和财政部门"缺位"，而且也失去了财政、审计部门之间的相互制约和监督，必然造成政府部门职能的"错位"和混乱。因此，可以简单地说，财政评审和政府审计是两个范畴，尽管二者可能同时对同一对象行使职能，但两者各司其职不存在替代关系。

四、财政评审与社会中介业务的关系

在实际工作中，有不少人因为对财政评审不了解而产生各种误解。甚至有人把财政评审机构等同于社会中介机构。尽管这不是政策性、制度性的问题，但对财政评审事业的发展是极为不利的，必须引起重视。社会中介业务与财政评审有着本质的区别。社会中介机构是独立法人，为委托单位提供盈利性技术咨询服务。而财政评审机构作为财政部门的内设机构，代表的是政府和纳税人的利益和意志，行使的是政府财政的管理职能，决不能以盈利为目的。当然，强调财政评审的公共性，并不意味着财政评审要对社会中介力量进行限制或排斥。相反，要积极探索如何更规范、更高效地聘用优秀的社会中介力量为财政评审所用。应当明确的是：财政评审与社会中介机构之间，应当是雇佣关系，而不是委托代理关系。当评审力量不足时，财政评审机构可以通过政府购买公共服务的方式，由社会中介力量协助完成部分工作，但任何一个财政投资项目的评审，都必须由财政评审机构统一组织、统一协调和管理，实现"管"与"干"的有机结合，不应当也不能交由社会中介机构完全独立完成，即不能简单地一"托"了之。

第四章

我国财政评审事业的
发展、成效与问题

我国的财政评审，经历了长期、复杂、多变的历史发展过程，尽管在每个时期名称不同，业务范围也不完全一致，但却有着一个根本的共同点，那就是对基本建设投资项目资金和财务进行管理，对建设项目工程概算、预算、结算、决算进行审查。随着现代公共财政体制框架的逐步建立，财政评审的范围也随之而不断调整，在继续进行基本建设投资项目评审的同时，对财政专项资金项目评审的比例越来越高。因此，财政评审正逐步成为财政部门加强预算管理的重要环节，成为推进绩效型财政建设的重要工具，成为提高财政管理科学化、精细化水平的重要手段。一句话，在公共财政管理中，财政评审正发挥着越来越重要的作用。

研究我国财政评审产生与发展的整个过程，全面总结、分析其规律和特点，揭示当前存在的深层次问题及其根源；在此基础上，探讨进一步加强我国财政评审工作的思路，以期建立起具有中国特色的规范而完善的公共财政评审体系。

第一节　我国财政评审的发展历程

从整体上看，我国财政评审的发展大致经历了四个阶段，即交通银行承担职能阶段（1950～1954 年）、中国人民建设银行承担职能阶段（1954～1994 年）、财政部门收回职能过渡阶段（1994～1998 年）和财政部门独立承担职能阶段（1998 年至今）。1994 年前，财政评审职能一直由交通银行、中国人民建设银行承担。交通银行在开始承担财政评审职能 1 年多的时间后，即划归财政部领导；中国人民建设银行承担职能期间，要么为财政部内设机构，要么受财政部委托代行财政评审职能。因此，从财政评审职能历史发展过程看，财政评审始终都是财政部门的固有职能，是财政管理的重要组成部分。

一、交通银行承担职能阶段（1950～1954 年）

自 1949 年 10 月 1 日中华人民共和国成立到 1952 年底，是新中国的国民经济恢复时期，也是我国社会主义经济建设的准备阶段。

新中国成立之初，国家基本建设投资项目由政务院财政经委员会下达基本建设投资控制数，由财政部直接拨付。由于缺乏规范管理，没有建立相应的监管制度，加之经验不足，曾一度造成基本建设资金的损失浪费。

1950 年 12 月，政务院决定，国家预算安排的基本建设资金由专业银行统一办理拨款。据此，财政部指定交通银行[①]办理基本建设拨款业务，这是财政评审职能的雏形。

二、中国人民建设银行承担职能阶段（1954～1994 年）

自 1954 年成立到 1994 年间，中国人民建设银行一直承担着财政评审职能，期间经历了独立承担职能阶段和受托代行职能阶段。

---

① 交通银行成立于 1908 年 3 月 4 日，为中国最早的官商合办股份制商业银行。

（一）中国人民建设银行独立承担职能阶段（1954~1984 年）

从 1954 年 10 月到 1979 年 8 月，中国人民建设银行独立承担财政评审职能，其主要工作职责为：集中办理国家基本建设预算拨款和企业自筹资金拨付，监督资金合理使用，对施工企业发放短期贷款，办理基本业务结算等。期间，中国人民建设银行经历了从设立、撤销、恢复，到再撤销、再恢复的数起数落过程，不过在这一过程中，其一经设立或恢复，即为财政部门所属机构，并一直独立承担着财政评审职能。

我国从 1953 年开始组织实施国民经济发展第一个五年计划，这标志着新中国有计划、大规模经济建设高潮的到来。"一五"期间，以建设 156 项重点工程为中心的大规模经济建设在全国陆续展开。为管理好巨额建设资金，我国根据当时的政治、经济情况，学习苏联的经济建设管理经验，决定建立高度集中统一的基本建设投资管理模式和管理制度，所有建设项目都由国家统一下达投资计划，所需建设资金由财政统收统支。

1954 年 6 月 18 日，中共中央批准了中央财经委员会《关于建立基本建设专业银行的请示》。9 月 9 日，中央人民政府政务院第 224 次政务会议通过了《关于设立中国人民建设银行的决定》。

根据以上决定，财政部即在交通银行原有机构和干部的基础上着手组建中国人民建设银行。10 月 1 日上午 9 点 50 分，在举国欢腾庆祝新中国成立 5 周年之际，中国人民建设银行宣告成立，承接了交通银行办理的全部基本建设投资拨款业务和交通银行相应的内设处室、员工以及国内的全部分支机构，专门办理基本建设拨款，并对建筑企业发放流动资金贷款。此时，中国人民建设银行是财政部下属的一家国有独资银行，相当于财政部的司局级机构，各省的中国人民建设银行分行受中国人民建设银行总行、省级财政部门的双重领导。其主要职能为支持重点工程建设、监督建设资金合理使用，具体工作职责为：办理国家用于基本建设项目的拨款结算业务；根据国家批准的信贷计划，对国营及地方国营企业办理短期贷款业务；对建设单位的项目资金运用、财务管理、成本核算以及投资计划完成情况进行检查监督等。

"一五"期间，建设银行在全国16个省、自治区和直辖市组建了88个经办大型建设项目的专业支行。包括全国十大钢铁基地、八大重型机械厂，在东北、西北和华北等矿区，在棉纺工业基地普遍组建了相应的分支机构，专门组建了跨省、区的铁路专业分支行处，有效地保证了国家建设资金的调配和供应，促进了国家钢铁、机械、能源和棉纺等工业的优先发展。

1958年5月至1960年冬"大跃进"期间，国家不强调基本建设拨款程序，撤销了中国人民建设银行。

1961年2月，时任中共中央书记处总书记邓小平在一次会议上指出："建设银行的工作很重要，是为国家看门的。建设银行要按国家计划办事，列入计划的项目才能给钱，没有列入国家计划的项目，天皇老子批的项目也不能拨款，拨了款就是失职。"时任国务院副总理李富春把邓小平的指示概括为"建设银行要为国家守计划把口子"，在20世纪六七十年代，这项指示一直作为中国人民建设银行开展工作的指导方针。1962年，按照中央《关于加强建设拨款监督工作的指示》中提出的"基本建设拨款要按计划、按预算、按基本建设程序、按施工进度拨款"即"四按"拨款原则办理拨款。为了强化基本建设投资审核管理，国家决定恢复中国人建设银行管理基本建设财务，仍为财政部门所属机构。

1968年，受"文化大革命"干扰，中国人民建设银行再次被撤销，将基本建设投资拨款、贷款和结算等业务并入中国人民银行，国家建设抛开了"四按"拨款原则，凭"需要"拨款，出现了"拨款大撒手"、"花钱敞开口"的局面。

1972年，中国人民建设银行再次被恢复。当年12月23日，财政部印发《关于中央各部直属和下放代管建设单位年度财务决算由建设银行审查签证的通知》（（72）财基779号），进一步加强建设单位年度财务决算审查工作。1973年12月8日，财政部印发《关于中央各部直属和下放代管建设单位年度财务决算由建设银行审查的补充通知》，赋予中国人民建设银行应有的工作职责。

1978年，国家将挖潜改造资金交由中国人民建设银行管理，主要负责管理结合基本建设进行的技术改造资金。

1979 年 8 月 28 日，国务院批转国家计划委员会、国家基本建设委员会、财政部《关于基本建设投资试行贷款办法的报告》，决定基本建设投资逐步由财政拨款改为银行贷款（简称"拨改贷"，自 1985 年起全面推行），由中国人民建设银行承担发放和管理基本建设贷款的任务，中国人民建设银行升格为国务院直属单位，由国家建委、财政部代管，以财政部为主，具有财政、银行双重职能。

1982 年 8 月 23 日，全国人民代表大会常务委员会通过《关于批准国务院直属机构改革实施方案的决议》，批准将中国人民建设银行并入财政部，不再作为国务院直属机构。

1983 年 4 月 20 日，国务院同意财政部《关于建设银行机构改革问题的报告》，批准中国人民建设银行改为独立经营、独立核算、管理基本建设投资的国家专业银行。所有用于基本建设投资的拨款和贷款都要由中国人民建设银行负责实施财政和信贷监督，还要管理相当一部分更新改造资金。

（二）中国人民建设银行受托代行职能阶段（1984～1994 年）

1984 年 10 月 29 日，财政部下发《关于中国人民建设银行继续代行部分财政职能问题的通知》（（84）财建 4 号），授权中国人民建设银行继续代行部分财政职能，中国人民建设银行步入了受托代行财政职能的阶段。

1985～1994 年，中国人民建设银行不仅实现了从"财政出纳"向银行信用转变的历史飞跃，而且奠定了中国人民建设银行在我国银行体系中的历史地位。

主要代行下列财政职能：（1）根据国民经济计划和国家预算审查核定中央各主管部门的年度基本建设财政投资贷款计划、地质勘探拨款计划、建筑业年度财务收支计划；（2）在国家确定的年度计划指标范围内，办理中央各部门之间、部门与省、自治区、直辖市之间的年度基本建设贷款指标、地质勘探支出预算和建筑安装企业财务指标的调整、划转工作；（3）按照有关财经政策规定和国家计划，审批中央各主管部门的基本建设、地质勘探和建筑业的年度财务决算；（4）负责拟订基本建设、地质勘探、建筑业有关财务管理制度和拨款、贷款的具体规定和实施细则；（5）对建设单位、地质勘探单位、建筑安装企业实施财务管理和财政监督。

1985 年 4 月，国务院决定改革中国人民建设银行资金管理体制，将中国人民建设银行的信贷收支全额纳入国家信贷计划体系。1985 年 8 月，人民银行、中国人民建设银行决定，实行"统一计划，划分资金，实贷实存，相互融通"的信贷资金管理办法，自 1985 年 11 月 1 日起，中国人民建设银行的信贷收支同其他各专业银行一样，全额纳入国家统一的综合信贷计划，使中国人民建设银行真正成为中央银行体系之内的国家专业银行。

1987 年，《财政部关于进一步加强建设银行审查工程预结算工作的通知》（财预字〔1987〕158 号）规定："经国务院批准，建设银行仍接受国家财政委托，代行财政职能，在当前建筑市场逐步开放的条件下，有必要进一步加强审查工程预、结算工作。"

1989 年 5 月 6 日，财政部印发《关于委托中国人民建设银行代行部分财政职能的通知》（（89）财办 4 号），决定对涉及国家基本建设预、决算及财务管理，地方财政基本建设预算的执行、监督以及审查工程概算、预算、结算等工作，仍委托中国人民建设银行代理。具体为：（1）按照年度国民经济计划和财政收支预算，审查核定中央各部门、各国家专业投资公司的基本建设、地质勘探和建筑业（包括预算内外施工企业、城镇建设综合开发公司等，下同）的年度财务收支计划；（2）管理中央基本建设基金。在国家确定的中央基本建设基金和年度计划内，中国人民建设银行根据国家计委确定的计划和财政部拨付的基金，向各国家专业投资公司及有关部门进行分配，对资金使用情况实施财政监督，并按规定向财政部及国家国有资产管理局报送基金使用情况执行报表；（3）按照国家政策法规，负责审查批准中央各部的地质勘探和建筑业的年度财务决算，负责审查批准中央各部、各国家专业投资公司的基本建设年度财务决算，并报财政部备案；（4）在国家确定的年度计划指标范围内，办理中央各部门之间、中央各部门与省、自治区、直辖市之间的预算内年度基本建设拨款、贷款指标、地质勘探支出预算和施工企业财务指标的调整、划转工作；（5）根据国家有关管理制度规定，严格审查国家预算内"拨改贷"投资本金和利息的豁免；严格核定和办理基建贷款贴息；负责督促各基建单位及时上交应交财政的基建收入、基建竣工项目结余资金、投资包干结余、项目提前竣工投产期间所实现的利润等；催交到期的预算内"拨改贷"投资的本金和利息；（6）按照国家规定，并商得财政部同意，核定和调整建筑业单位的承包基数，负责对承包企业的具体财务管理工作；（7）负责审查建设工程概、预、结算，会同有关部门制定工程取费标准，参与工程造价、材料预算价格和工程预算定额的管理工作，办理和监督工程价款结算；（8）根据国家政策和法规，拟订基本建设、地质勘探、建筑业有关财务制度和拨款、贷款的规定及其实施细则，对重大的制度、规定，由财政部和中国人民建设银行联名颁发；（9）对建设单位、地质勘探单位和建筑业的财务活动实施财政监督，办理国家预算安排的其他基本建设财务事宜。上述各项业务委托中国人民建设银行办理后，各部门、各专业投资公司要按照国家规定，及时向中国人民建设银行报送财务计划、会计报表和决算报告，接受中国人民建设银行的财务管理和财政监督。

1993 年 12 月 25 日，国务院下发《关于金融体制改革的决定》，把中国人民建设银行明确定位为以从事中长期信用为主的国有商业银行。在国家确立国有商业银行体制以后，中国人民建设银行为建立现代企业制度进行了不懈的探索，随着国家开发银行在 1994 年成立，承接了中国人民建设银行的政策性贷款职能，中国人民建设银行逐渐成为一家综合性的商业银行，已不再具备继续代行财政职能的条件。

1979～1993 年的 15 年，是中国人民建设银行财政职能和银行职能相互依托、相互促进、相得益彰的 15 年，同时也是自身实力不断发展壮大的 15 年。中国人民建设银行在这一期间，累计办理基本建设拨款、贷款资金总额达 34051.16 亿元；通过加强资金使用管理，制止不合理开支和提供合理化建议，为国家节约建设资金 343.09 亿元；通过审查工程预算净核减价值 168.28 亿元。

三、财政评审职能收回交接过渡阶段（1994～1998 年）

1994 年 8 月 5 日，财政部和中国人民建设银行联合下发的《财政部、中国人民建设银行关于财政部收回原委托中国人民建设银行代行的财政职能的通知》（财办字〔1994〕24 号）规定：从 1994 年 9 月 1 日起，财政部收回原委托中国人民建设银行代行的财政职能，具体如下；（1）财政部对各部门、各地区下达基本建设、地质勘探费支出预算，调整、划转预算指标并负责办理拨款；财政部对国家开发银行、各有关主管部门下达基本建设经营性基金指标。（2）以前年度形成的政策性基本建设贷款财政贴息，由建设银行对贷款项目提出贴息意见，报财政部、国家计委核准后，办理并拨付贴息资金。（3）财政部根据国家政策和法规，制定基本建设、地质勘探以及施工、房地产开发企业的财务制度。（4）各部门、各地区要按国家有关规定，及时向财政部报送基本建设，地质勘探和施工、房地产开发企业会计报表和决算报告等资料，并接受财政部门的财务管理和财政监督。（5）财政部负责审批中央级基本建设、地质勘探经费年度财务决算和施工、房地产开发企业年度财务决算。（6）财政部拨给各部门、各单位的基本建设资金仍在建设银行开设账户。（7）为了做好国家投资的监督管理工作，保证移交工作平稳进行，下列业务财政部仍委托建设银行办理：①根据经财政部核定的主管部门年度基本建设支出预算和拨款限额或基本建设经营性基金指标，办理建设项目的资金拨付，并对资金使用实施监督；②负责审查工程预、结算，参与审查建设项目预算和工程招标、投标的有关工作；③对建设项目年度财务决算签署审查意见；④对"拨改贷"本息豁免和核转、材料设备降价处理和工程报废签署审查意见；催缴基本建设收入、项目提前竣工投产期间实现利润和投资包干结余等；⑤对建设项目的竣工决算签署审查意见。（8）各地财政部门可比照上述内容，从各地实际情况出发，处理收回财政职能或委托业务的有关事项，各地财政部门和建设银行要相互配合，共同做好工作。

　　财政部收回中国人民建设银行代行的财政职能后，为了做好国家投资的监督管理工作，保证移交工作平稳进行，财政部决定，仍委托中国人民建设银行办理前面所述部分业务，双方于 1995 年 3 月 30 日签订了《委托代理协议》，继续委托中国人民建设银行办理下列业务：（1）项目开户行根据项目工程进度和资金配置情况，及时办理中央财政预算安排的建设项目的资金支付，并对资金使用实施监督；（2）负责审查工程预、结算，参与审查建设项目概算和工程招标、投标的有关工作；（3）对建设项目的年度财务决算和竣工决算签署审查意见；（4）对建设项目"拨改贷"本息豁免和核转、材料设备降价处理和工程报废签署审查意见；（5）对基本建设收入和投资包干结余以及竣工结余等应缴财政的资金，要督促及时上缴财政。

　　1996 年 3 月 26 日，中国人民建设银行更名为"中国建设银行"。

　　1998 年 7 月 4 日，《国务院办公厅关于印发〈财政部职能配置内设机构和人员编制规定〉的通知》（国办发〔1998〕101 号）规定，财政部设立基本建设司，主要职责为：办理国家投资项目的中央财政拨款；拟订基本建设、地质勘探和建筑施工行业的财务管理制度；对国家投资项目的中央财政拨款使用效益进行重点分析、检查和监督；参与投资体制改革有关工作。

　　1998 年 8 月 17 日，财政部与中国建设银行签订了《业务合作协议》，终止了 1994 年 8 月 5 日《财政部、中国人民建设银行关于财政部收回原委托中国人民建设银行代行的财政职能的通知》中关于财政部仍委托建设银行办理有关业务的规定，以及双方 1995 年所签订的《委托代理协议》。新的《业务合作协议》的主要内容为：（1）财政部根据建设银行的服务条件和质量，仍选择建设银行作为国家预算内中央级基本建设资金的开户行，建设银行应按照有关规定和财政部的要求，做好服务工作；（2）建设银行继续协助财政部做好中央级"拨改贷"资金本息余额转为国家资本金和经营性基金转为国家资本金的工作，对中央级"拨改贷"资金本息余额转为国家资本金和经营性基金转为国家资本金签署审查意见，同时，对以前年度的财政性资金进行清理结算；（3）财政部基建司可根据工作需要和建设银行的服务质量以及市场经济的原则，专项委托建设银行承担部分投资项目的评审、调整和工程概预算审查等有关业务。

绝大部分地方财政部门于 1995 年开始，相继一次性全部收回了同级建设银行所代行的财政基本建设投资评审和财务管理职能。

四、财政部门独立承担财政评审职能阶段（1998 年至今）

1997 年 7 月 2 日，亚洲金融风暴席卷泰国，泰铢贬值。不久，这场风暴扫过了马来西亚、新加坡、日本和韩国等地，打破了亚洲经济急速发展的景象，亚洲金融危机全面爆发。为有效应对亚洲金融危机，我国于 1998 年起开始实施积极的财政政策，当年财政部发行 1000 亿元特别国债，同时从商业银行贷款 1000 亿元，全部用于国内基础设施投资，以扩大内需。接下来的 4 年中，财政部每年发 1000 多亿元国债支持西部开发。通过增发国债，安排了一大批水利、农业、环保、交通、通讯、国家储备粮库等基础设施建设项目。如此大规模的财政资金投入基础设施建设是新中国成立以来前所未有的，如果监督管理措施不力，不仅无法实现积极财政政策的预期目标和预期效益，而且各级政府会因此背上沉重的债务包袱，使国家财政赤字扩大，导致经济滞胀。

财政部对此高度重视，积极参与了国债资金安排的建设项目的计划制定、下达工作，设立了专用账户拨付国债资金，对国债项目的资金使用和财务情况加强了监督检查，收回了委托中国人民建设银行办理的建设项目年度财务决算、竣工决算签署审查意见，工程预算、结算审查，建设项目概算和工程招标、投标审查等工作。为改变以往政府投资重投入轻管理、投资效果不佳的局面，继续做好财政性投资项目工程概、预、结、决算审核工作，财政部门急需建立一支具有工程专业结合财务专业特色的专业技术队伍来承担投资管理工作。1998 年财政部以财人字〔1998〕131 号文件向中编委正式申请设立财政部投资评审中心。1999 年 4 月 8 日，中编委以中编办字〔1999〕24 号文件《关于财政部投资评审中心机构编制的批复》，正式批准设立财政部投资评审中心，主要承担中央财政投资项目预（概）算、决（结）算的审核和后评价等工作。随后，各级地方财政部门所属专职财政评审机构相继获准成立，并被"委以重任"，成为强化政府投资管理的"生力军"、"主力军"。

2000年，财政部内设机构调整方案经国务院同意及中央机构编制委员会办公室批复正式实施。根据该方案，撤销基本建设司，新组建经济建设司，负责办理和监督中央财政的经济发展支出、中央政府性投资项目的财政拨款，参与拟订中央建设投资的有关政策，制定基本建设财务制度，负责有关政策性补贴和专项储备资金财政管理工作。经济建设司与财政评审有关的主要工作职责为：牵头与国家发改委等有关部门研究制定财政投资的有关政策，参与项目安排等。2000年1月1日，财政部《关于印发〈财政部各司职责范围暂行规定〉的通知》（财办字〔2000〕7号）规定：经济建设司"指导投资评审中心的业务工作，负责管理财政基建投资评审业务的委托工作，统一管理财政投资评审经费"。

2002年3月11日，财政部办公厅印发《关于明确经济建设司指导财政投资评审业务具体职责的通知》（财办发〔2002〕24号），将经济建设司指导财政评审业务具体职责范围明确如下：

（1）负责制定财政投资评审业务管理规章制度。

（2）会同部内有关司统一拟订年度财政投资评审计划，统一下达委托评审任务。部内有关司将财政性基本建设投资项目、需审核的政府性基金决算和大中型基建项目竣工财务决算项目、财政专项支出评审计划和要求送经建司，经建司归口统一委托财政投资评审机构进行评审。

（3）财政投资评审机构报送的财政性基本建设投资项目评审报告，由经建司会同部内有关司确认批复，并研究处理评审报告中提出的有关问题（其中部门管理司提出的基建专项评审任务，有关问题的处理由经建司转部门管理司负责处理）。财政投资评审机构出具的政府性基金决算和大中型基建项目竣工财务决算审核报告、财政专项支出评审报告由部门管理司负责处理。

（4）归口统一管理财政投资评审和委托代理业务补助经费。申请年度财政投资评审和委托代理业务补助经费预算，审核、拨付委托财政投资评审和代理业务补助费支出，负责财政投资评审和委托代理业务补助费的管理工作。

（5）会同部内有关司协调并督促被评审单位协助财政投资评审机构做好评审工作。

（6）财政性基本建设项目投资评审报告及相关资料由经建司负责归档管理；政府性基金决算和大中型基建项目竣工财务决算审核报告及相关资料、财政专项支出评审报告及相关资料由部门管理司负责归档管理。

综上所述，中国人民建设银行成立于新中国成立之初，1979年以前名为"银行"，实为财政部所属机构，不存在"代行职能"的问题。1979年8月改为国务院直属机构后才开始"代行职能"。1994年中国人民建设银行改制为国有商业银行，其继续履行政府管理职能的体制基础已不存在，各级财政部门相继收回了委托其代行的财政职能，但为了平稳过渡，实际上财政部仍然继续委托中国人民建设银行"代行"部分财政投资评审职能。直到1998年8月17日财政部与中国建设银行签订了《业务合作协议》，终止了财政部仍委托建设银行办理有关业务的规定和双方1995年所签订的《委托代理协议》，并于1999年4月8日设立财政部投资评审中心，至此，才真正结束了财政评审职能长期以来"体外循环"、"代行代管"的特殊过渡时期，财政评审逐步走上了科学化、正规化、快速发展的新的历史阶段，实现了历史性的跨越。

第二节　我国财政评审取得的主要成效

1994年以来，全国各级财政部门以邓小平理论和"三个代表"重要思想为指导，深入贯彻落实科学发展观，紧紧围绕经济社会发展和财政改革大局，积极推进财政评审科学规范发展，财政评审初步实现了"大发展、大跨越、大突破"，正在走向"全方位、全过程、广覆盖"，财政评审正逐步成为加强预算管理的重要环节和推进财政管理科学化、精细化的重要手段，为促进我国经济社会事业又好又快发展做出了突出贡献。

一、财政评审规模迅猛增长，结构持续改善

自 1999 年 4 月 8 日财政部投资评审中心成立至今，全国各级财政评审机构完成的项目评审额始终保持了持续快速增长的势头。据财政部投资评审中心统计数据显示，1999～2013 年 15 年间，全国各级财政评审机构累计完成项目评审额近 20 万亿元，审减或审出不合理资金约 1.7 万亿元，"节支增效"效果十分明显。分年度看，财政评审额由 2002 年的 3122 亿元增至 2013 年的 35752 亿元，增长了 10.45 倍；审减或审出不合理资金由 2002 年的 188 亿元增至 2013 年的 3738 亿元，增长了 18.88 倍，呈现高速度增长、跨越式发展的态势（见图 4-1 和图 4-2）。地方各级财政评审规模也在急剧膨胀，以山东省为例，2002 年省级财政评审机构成立至 2013 年 12 年间，全省各级财政评审机构累计完成评审额 8981.71 亿元，审减资金 925.45 亿元，审增土地收益和其他有效资金供给 14.33 亿元，查出其他不合理资金 51.09 亿元，同时，提出加强财政管理的合理化意见和建议 3 万余条。

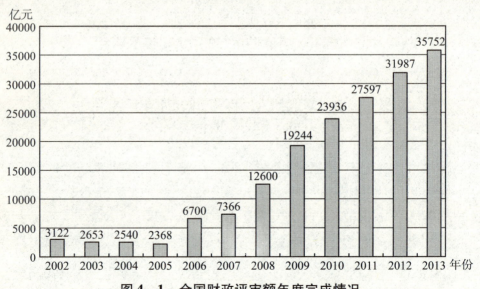

图 4-1　全国财政评审额年度完成情况

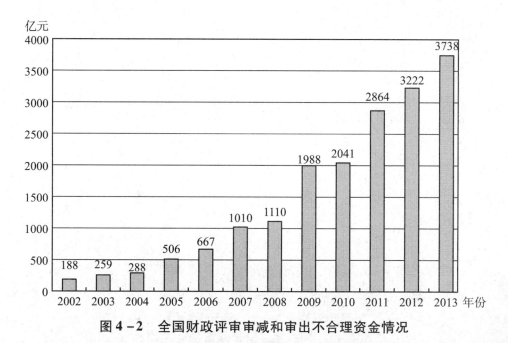

亿元

图4-2　全国财政评审审减和审出不合理资金情况

综观地方财政评审业务完成情况，除了评审规模持续迅猛增长外，评审内容结构也呈现出一个明显的特点，那就是，"事前"的概预算评审一直占较大比重，并保持了稳中有升的势头。据财政部投资评审中心统计数据显示，2003年地方财政评审额为1700亿元，概预算评审额为684亿元，占当年地方财政评审额的40.2%；2013年地方财政评审额为35752亿元，概预算评审额为23112亿元，概预算评审额占当年地方财政评审额的64.65%，较2003年提高了24.45个百分点。尽管这一比重在有些年份还不稳定，但总体呈上升趋势，这充分说明地方财政部门积极推动财政评审关口前移，使财政评审在预算管理环节发挥越来越重要的作用（见图4-3）。

据财政部投资评审中心统计数据显示，2003年到2013年，地方各级财政评审机构在项目评审中"审减"了大量不合理资金，为政府节约了大量的"真金白银"，其中概预算阶段的评审效果尤为显著。如2013年，地方各级财政评审机构仅在概预算阶段就审减不合理资金3738亿元（不含财政部委托项目评审审减额）。

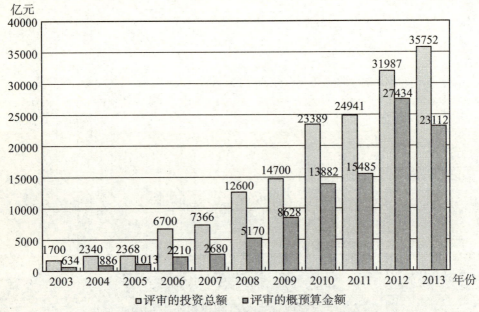

图 4 - 3   地方各级财政评审额完成情况

在财政评审规模快速增长的同时，财政评审金额占财政支出的比重也呈现稳步攀升的态势（见图 4 - 4、图 4 - 5），2009 年以来保持在 25% 以上。

图 4 - 4   财政评审与公共财政支出规模对比

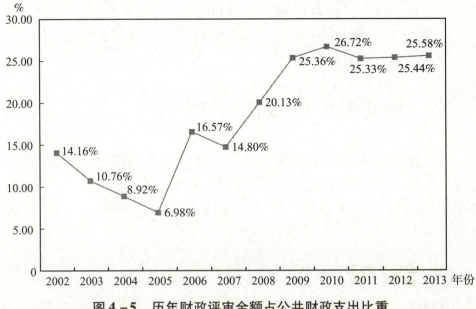

图 4 - 5 历年财政评审金额占公共财政支出比重

二、财政评审范围稳步拓展

在相当长的一段时期里，由于历史的惯性，我国财政评审的范围仅仅局限于财政性资金投资基本建设项目的工程概、预、结、决算，大量的财政专项支出项目"游离"于财政评审范围之外，专项资金的使用效益未得到关注。近年来，随着我国公共财政体制框架的建立和逐步完善，财政投入逐步从竞争性领域退出，民生领域的投入逐年递增，"三农"、社保、教育、科技、文化、节能减排等成为财政投入的热点。各级财政部门及时抓住这一机遇，在积极做好基本建设项目评审工作的同时，逐步将财政专项支出、财政部门提供担保的债务类项目纳入了财政评审的范围。目前，从全国范围来看，财政评审的范围，逐渐从工程投资评审，扩展到财政重点项目支出的各个方面：由单一的城市建设投资领域的评审，扩展到农村发展投资的评审；由单一的内资项目评审，扩展到世行、亚行和外国政府贷款等外资项目的评审；由单一的财政支出评审，扩展到财政支出和财政收入的多环节评审；由单一的资金收支评审，扩展到整个项目的绩效评审，因此可以说，财政资金投向哪里，财政评审就跟进到哪里。"事前评审、事中控制、事后评价"全过程动态评审机制的基本框架已经初步建立起来，并正在发挥着越来越重要的作用。

三、财政评审机制建设成效明显

在财政评审体制机制建设方面，各级财政部门进行了大量积极的探索，有些地方已初步建起了行之有效的财政评审机制，为推动财政评审工作的规范有序开展，发挥了重要作用。这些机制主要有以下类型：

（一）项目库评审机制

有些地方把财政评审作为财政项目库的"入库"条件，从拟入库项目的政策性、可行性、科学性和绩效性四个方面进行评审，作为编列项目库的重要依据，并坚持从财政项目库中提取项目、编制项目支出预算，初步建立并实施了财政项目库评审机制。

例如，《河北省财政投资评审管理办法》规定："评审结论作为各级财政部门办理入财政项目库、下达预算的依据"，初步建立并实施了"先评审、后入库"的运行机制。具体为：该省财政厅投资评审机构通过对拟入库项目的政策性、可行性、科学性和绩效性四个方面进行评审，将评审结论作为各资金主管处室编列年度预算项目库的重要依据。为了保证财政项目库评审工作的顺利实施，该省还制定了《河北省省级财政项目库建设项目预算评审实施办法（试行）》，规定了拟纳入财政项目库的基本建设项目和大型修缮项目的评审范围、内容、所需资料、形式和程序等，具体为：各资金主管处室将拟纳入财政项目库的项目提交给财政评审机构组织评审，业务主管处依据评审结论将项目"点入"财政项目库。对于3年滚动的预算项目，采取"下审一年"的方式进行评审。上述两项制度，为财政投资基本建设项目和大型修缮项目入库评审工作的开展提供了重要依据。

再如，《浙江省省级部门项目支出预算管理办法》（浙财预字

〔2007〕11号）第二十八条规定："对于纳入省财政项目库的房屋建筑物购建类项目、大型修缮类项目、信息网络购建类项目、50万元以上设备购置类项目、物业管理费类项目，以及其他专业技术较复杂的项目，须先由省财政项目预算审核中心进行审核，其审核意见作为预算安排的必要依据。"

（二）基本建设支出预算评审机制

基本建设支出与其他财政支出相比，具有数额大、建设周期长、可变因素多、管理技术含量高等特点，尤其需要加强管理。为此，各地方财政部门注重加强重点基本建设项目评审，会同有关部门扎实做好基本建设项目前期论证和工程概算审查工作，提出优化设计方案和合理化意见建议，从源头上合理确定基本建设支出预算，增强了财政部门在基本建设投资领域的发言权和决策权，将财政资金节约在分配环节，有效扭转了事后评审"木已成舟"的被动局面。近年来，在评审机制创新方面，涌现出不少颇具特色的模式。

1. 河南省基本建设全过程评审模式

其主要特征为：

（1）制度先行：首先出台了《河南省省级预算单位财政性基本建设资金支出预算投资评审的暂行规定》，明确规定：凡纳入部门预算的基本建设资金必须先评审后进部门预算；凡年度预算追加的基本建设资金必须先评审后办理追加，否则预算部门不予受理；省发改委下达的统筹基本建设投资计划须经财政部门评审，并根据评审结果办理预算追加手续。

（2）全程跟踪评审：他们在积极做好建设项目前期论证、预算编制、招标环节评审的同时，派驻财政专管员深入项目施工现场，参与拆迁补偿、工程施工合同条款审核、隐蔽工程和设计变更签证、设备和建筑材料政府采购环节的审核管理工作。同时，认真开展基本建设项目竣工决（结）算评审，督促并协助被评审单位做好工程建设财务管理、资料整理和竣工财务决算编制工作。

（3）成效：以上制度的建立和实施，初步建立了财政基本建设支出预算评审机制，使财政评审渗透到了资金使用的事前、事中、事后各个环节，对省级已纳入部门预算和在预算执行中追加的基本建设支出，建立了"先评审、后预算"的评审机制，并把评审结果作为编制和下达预算及办理拨款的依据，在基本建设项目管理上实现了由"先花钱后评审"向"先评审后花钱"的转变，加大了财政管理的深度和广度，增强了财政部门在投资领域的决策权和控制权，提高了基本建设支出预算编审质量。财政评审因此成为河南省加强财政资金管理、节约政府投资的亮点，得到了党政领导的充分肯定。原省委书记徐光春做出批示："这项工作很有成效，明年应扩大工作范围"。原省长李成玉做出批示："凡财政性投资的建设项目，都要由财政部门牵头，抓好竣工决算的审查和批复。"

2. 武汉市财政投资项目动态跟踪评审模式

武汉市财政局规定对项目前期准备、招标投标、合同签订、施工、竣工等阶段实施动态跟踪评审。具体内容为：（1）项目前期准备阶段：进行重大设计方案的经济比选，掌握概算的各项控制指标，对项目预算进行审核，全面了解建设项目预算编制情况，并将预算指标进行细化，判断其指标是否超过概算指标，提出合理化建议，对预算中明显存在的多计、漏计等问题提出修正意见。（2）招标投标阶段：对招标活动的程序性、合规性进行监督，对建设项目达到招投标法规定的招标标准的，督促项目单位进行公开招标。对项目单位委托招标代理机构编制的招标文件、工程量清单及拦标价，原则上采取抽查式复核，对复核中发现的问题与项目单位进行沟通，由原编制单位进行修改和调整。招标范围包括项目的勘察、设计、施工、监理以及与工程建设项目相关的主要设备、材料等内容。（3）合同签订阶段：根据招投标文件，对合同文件及合同价进行审核，对合同中涉及影响项目成本的重要因素如计价方式、承包方式、承包范围、工期、价款结算方式、设计变更及现场签证权限及程序等方面要进行重点审核，出具书面审核意见，与项目单位核对取得一致。（4）施工阶段：参加主要隐蔽工程验收、现场签证，对涉及调整造价较大的重大设计变更进行审核，对概算内招标范围以外增加或变更工程中的主要设备及材料价格进行审核，对工程价款结算及资金使用情况进行审核。（5）竣工阶段：汇总分阶段结算审核结果，指导并督促项目单位按照国家财务管理规定编制项目竣工财务决算，做好往来款项和结余物资的清理工作，并对竣工财务决算进行评审，做好交付使用资产的分类和成本归集工作。同时，对照项目概预算，总结、分析、评价概预算执行情况和项目财务收支核算、资金使用情况等事项，以促进代建（建设）单位严格财经纪律，提高财务管理水平。

3. 四川省建设工程评审业务跨部门整合模式。政府投资项目管理是发展改革部门和财政部门的共同职能，而财政部门只能从预算阶段开始评审。由于两部门信息不对称，造成财政基本建设资金管理的被动。2004 年，发展改革部门为了提高政府投资项目概算的科学性，强化概算约束，准备设立四川省国家投资项目评审中心。财政部门认为，如果省本级成立两家类似的专业技术机构，难免会分散投资评审力量，造成人力、物力、财力的浪费，也不利于解决政府投资项目管理长期存在的部门衔接问题；如果两部门将评审业务进行整合，将会形成两部门政府投资项目评审的合力，同时避免了机构的重复设置。两部门报经省委、省政府同意后，在四川省财政投资评审中心增挂"四川省国家投资项目评审中心"牌子，实行一套人马、两块牌子，从而实现了两部门投资评审业务的整合，政府投资评审得到了强化，成为两部门之间进行沟通的技术桥梁，避免了概算、预算、决算评审的脱节，真正实现了项目事前、事中和事后全过程评审，大大提升了评审质量和效果，从体制上进一步完善了财政基本建设支出预算评审机制。对项目建设单位而言，由于各阶段评审都是和同一个机构打交道，不用再反复提供资料、解释提问，配合工作变得比以往轻松得多，因此，这种评审模式也受到了项目单位的普遍欢迎。

（三）财政专项支出项目预算评审机制

部分地方财政部门围绕部门预算制度改革，把财政评审纳入部门预算中专项支出项目预算的编制程序，为项目支出预算的核定提供科学依据，提高了项目决策科学化水平，避免了项目支出预算核定过程中的盲目性和随意性。

1. 北京市财政局"无缝隙、广覆盖"模式

该局明确规定，凡是纳入预算的项目支出，都要按照规定程序进行评审。其主要做法为：

（1）将财政评审置于预算管理制度五项改革之首。2001 年，北京市财政局提出"部门预算改革要建立一个科学的、专业的评审环节，要积极探索财政评审工作与部门预算管理工作的有机结合"。2008 年，该局探索建立了"事前评审、事中监控、事后绩效评价"的项目支出预算管理模式。通过抓住"一首一尾"（首：财政支出前的评审，尾：财政支出后的绩效考评），把住"中间"（即预算编制与执行过程中的部门预算、国库集中收付、政府采购），有力地推进公共财政框架体系建设，财政评审成为部门预算支出管理不可缺少的环节。

（2）强化财政评审的约束力。将评审以部门预算管理制度的形式固定下来，使之融入项目支出预算管理大平台。将经常性项目中的信息化运行维护费和一般性项目的修缮工程类、前期费用类、购置类、信息系统改造类、大型会议类、大型活动类、一次性印刷类、经济结构调整类、环境综合整治类、基本建设类、其他类等 12 类项目纳入评审范围，在部门预算"二下"前实施。纳入评审范围的项目，其评审报告是预算管理处编制部门预算的必备文本，财政评审机构审定的预算数是预算管理处批复项目支出预算的依据，是进行政府采购和资金拨付的依据。未通过评审的项目，预算管理处不得列入当年预算。同时建立考核机制，对预算管理处的考核指标为：送审率、下达率、退回率；对财政评审机构的考核指标为：是否在规定时间完成项目评审任务，是否按照规章严格进行评审，评审结论是否真实准确等。

（3）将财政评审业务纳入预算信息管理系统。开发"评审业务信息管理系统"，并与该局财政管理信息平台实现对接。经预算管理处审核立项的属于评审范围的项目，可随时转至财政评审机构。评审机构根据处室审核意见和项目申报资料，在规定时限内，按照评审操作规程完成项目调研、审核、出具报告等一系列程序。对于应评而未按规定送审的项目，信息系统自动设置标识，项目将被拒绝进入预算下达和政府采购阶段。评审结论经项目单位确认后，评审报告可即刻反馈各预算管理处室，确保项目预算的及时安排。

（4）明确财政评审机构与各业务处室的关系和职责。财政局领导和预算处是评审机制运转总协调人。预算管理处与财政评审机构是协同配合关系，负责筛选项目，协调和督促有关部门和预算单位按规定申报项目和项目资料；财政评审机构专司评审业务，负责对项目实施方案的可行性和预算的合理性进行审核，出具评审报告；监督处负责局内评审程序的监督；人事处和办公室负责评审职责履行效率的考核；信息中心负责提供信息化保障。

2. 山东省"事前评审、事中监控、事后考评"支出管理模式

2007 年山东省人民政府办公厅印发了《山东省省级预算管理暂行办法》，规定："在省级预算管理工作中，应当依法理财，做到公正透明，通过建立健全部门预算、国库集中支付、政府采购、投资评审、监督检查、绩效考评等各项预算管理制度，进一步规范预算收支活动，提高预算资金的使用效益。"随后，山东省财政厅印发了《山东省省级项目支出预算管理办法》和《山东省省级项目支出预算评审管理办法（试行）》，规定："对部门预算中投资类项目和发展类项目原则上先进行必要的规划设计、可行性研究和评审论证，然后确定数额；对部门上报的对经济和社会事业发展有较大影响的项目、财政投入数额较大的项目、当年新增的实施期限较长的跨年度项目、专业性强或技术复杂的项目等，由省财政实行评审论证；按要求应纳入评审范围而未进行评审的项目，原则上不予安排预算；评审工作一般安排在每年度部门预算的'一下'或'二下'阶段以前进行，对在此阶段不具备评审条件的项目，以及在年度中申请追加的项目，可安排在年度预算执行过程中实施评审；财政评审机构出具的评审报告，作为项目支出预算编制的重要依据；经过评审的项目预期效益指标和完成指标等，作为项目执行过程中和项目完成后实施绩效考评的主要参考指标。"2008 年 11 月，时任山东省财政厅厅长尹慧敏明确指出："要继续推进预算评审机制建设，充分发挥投资评审作用，做到哪里有公共支出，哪里有财政投资，哪里就有财政评审。"

通过多年的探索发展，山东省财政厅已经建立起行之有效、影响广泛的投资评审机制，具体包括：

（1）确立新理念——"不唯减、不唯增、只唯实"。为有效解决政府投资建设项目中存在的一些"概算超估算、预算超概算、决算超预算"的"三超"现象，以及因预算资金不足导致的"半拉子工程"，山东省财政厅在全国率先研究提出了"不唯减、不唯增、只唯实"的评审理念。在评审实践中，始终坚持科学标准和实事求是的原则，凡是虚高的概算、预算、决算，都予以审减下来；凡属低于实际需要，容易造成尾巴工程的项目资金申请，也要实事求是地审增上去。该审减的审减，该审增的审增，不仅节减了巨额不合理、不合规的财政资金支出，也较好地保障了重点事业发展的有效供给，使科学发展观和科学理财观在财政投资评审工作中得到具体体现。

（2）创立新模式——"四位一体，评审先行"。山东省财政评审工作由点到面，逐步实行了"以部门预算为基础、财政评审为支撑、政府采购为手段、国库集中支付为保障"的"四位一体、评审先行"财政支出管理新模式。在这一模式中，财政评审成为财政支出管理坚实的技术支撑，贯穿于项目预算、采购招标和集中支付等各个环节。在项目支出预算编制环节，实行"先评审、后编制"，大力压缩申报不实的项目预算，减少财政投资项目决策上的盲目性，从源头上控制支出，为科学、合理地安排项目支出预算提供可靠的技术支撑，有效节约了财政资金。在政府采购环节，对部分工程项目实行"先评审，后采购"，为财政部门安排基本建设项目支出预算和政府采购管理部门控制基本建设项目招标提供了有效参考。在资金拨付环节，对部分项目实行"先评审、后拨款"，为国库根据工程进度拨款提供了真实可靠的依据。

（3）拓宽新领域——"全过程参与，多方位延伸"。山东省财政评审机构，将全新的评审理念和准确的评审定位通过完善机制落到实处，积极建立并有效实施了一系列科学合理、权责明确、运行规范的财政评审新机制，评审范围已基本涵盖了财政支出的各个领域。例如，在民生项目投资评审方面，2006 年以来，省财政投资评审中心先后对全省乡镇卫生院"360 工程"、"1127 工程",乡镇敬老院"540 工程",以及全省农村卫生室、城乡社区卫生站等众多民生项目开展了财政评审工作。在外债项目投资评审方面,所有外国政府贷款担保项目和国际金融组织贷款项目均在申报环节进行了财政评审,有效规避了外债风险,并在全国率先建立了针对外国政府贷款和国际金融组织贷款项目的财政评审机制,被财政部采纳并向全国推广。

3. 浙江省财政厅专项支出项目预算评审模式

为规范财政专项支出项目预算编审程序,"浙江省财政投资评审中心"更名为"浙江省项目预算审核中心",并在《浙江省省级部门项目支出预算管理办法》中,明确提出在项目预算编制环节要建立"先审核、后编制"的工作机制,该办法规定:部门预算编制中的基本建设类、工程修缮类、新增 50 万元以上的设备购置类、信息系统类、开办费类、物业管理类以及其他专业技术较复杂的项目,须先由省财政项目预算审核中心进行审核,其审核意见作为预算安排的必要依据。同时,为确保审核工作机制的有效实施,省财政在预算支出项目库系统软件"金财工程"中,专门设置了审核环节。近年来,审核中心通过对列入部门预算的上述几类项目支出预算进行审核,及时发现和剔除了大量项目预算中的不合理、不合规因素,细化了项目预算,为科学合理的确定项目投资做出了贡献。

4. 青岛市财政局专项支出项目预算评审管理体系

青岛市财政局于 2010 年启动预算绩效管理改革,起点高、措施实、力度大、效果好,目前已初步建立起了贯穿财政管理全过程的预算绩效评审管理机制,主要呈现 4 个特点:

(1)机构保障健全有力。设立预算评审管理处,负责研究建立财政支出绩效评价制度和评价体系,承担财政性投资项目和专项支出的预算评审、绩效评价和决算审查等;设立预算评审中心,具体承担预算评审、绩效评价和工程预决算审查工作。预算评审管理处和预算评审中心合署办公,处长兼任中心主任,为推进预算绩效管理提供了强有力的组织保障。

(2)制度体系健全完善。围绕加强预算绩效管理,市政府印发了

《关于加强市级财政专项资金绩效预算管理的意见》等 3 项制度，财政部门印发了《市级财政支出绩效评价管理暂行办法》等 10 余项制度，初步建立起了健全完善的预算绩效管理制度体系，青岛市人大常委会还启动了《青岛市政府预算绩效管理条例》立法工作，为推进预算绩效管理提供了强有力的制度保障。

（3）运行机制规范有序。紧密结合部门预算编制程序，将预算绩效管理要求"融入"现行预算管理的各个环节。部门预算编制时，要求部门单位编制绩效目标，经预算评审管理处审核后，在批复预算时同步批复绩效目标。对未设置绩效目标的，财政不予安排预算；对绩效目标设置不合理、资金需求与绩效目标不相符的，要求部门单位及时调整修改。预算执行结束后，先由部门对预算绩效目标实现情况进行自评，后由财政部门选择部分资金规模较大和社会公众关注较高的项目复评。

（4）管理模式特点鲜明。将绩效目标审核与项目预算审核深度融合，由预算评审管理处组织对绩效目标和项目预算进行同步评审，重点对绩效目标的合理性、实施方案的可行性、项目预算的准确性等进行综合评审，将评审结果作为预算安排的主要依据。

（四）政府采购评审机制

财政部门通过对纳入政府采购目录工程项目的施工图预算和工程量清单进行评审，合理确定工程预算造价，作为工程招投标或政府采购的最高限价，为工程政府采购预算核定提供可靠依据。

河北省：以评审定标底：《河北省省级政府采购预算编制及执行管理办法》规定省级部门对拟实行政府采购的基本建设、内（外）装修及各种建筑材料，在项目实施招投标前，由省财政评审机构对施工图预算进行评审并确定项目标底，政府采购机构根据评审机构核定的标底，进行政府采购招投标。

河南省：以评审定标底＋预、结算：《河南省省级政府采购预算管理暂行办法》规定财政评审机构负责对纳入政府采购的公共工程项目的预算、标底和竣工结算进行审查。凡财政性资金投资的工程采购预算，需由财政评审机构评审后，方能进入政府采购预算，未达到要求，退部门重新编制；政府采购工程项目，需经财政评审机构对其概（预）算、标底进行评审后，方可进行招标采购；工程竣工结算需经财政评审机构评审后，方可办理采购决算手续。通过把政府采购公共工程的标底、施工图预算、工程量清单和项目竣工决算与投资评审有机结合起来，建立了"先评审、后采购"的预算工作制度，既促进了公共工程实施政府采购的顺利推行，也提高了政府采购资金的使用效益。

（五）国库集中支付评审机制

部分地方财政部门要求在对项目资金集中支付之前必须先进行评审，建立了"先评审、后支付"的国库集中支付评审机制有效保证了项目资金支付的安全。其具体做法为：

广东省：根据《广东省省级基本建设项目财政性资金集中支付暂行办法》，凡使用省级（包括上级补助）财政性资金的项目，申请用款时（包括建安工程投资、设备投资、待摊费用、项目资本金），由省财政厅投资审核机构按照"按计划、按预算、按合同、按进度"的原则进行审核，国库集中支付机构根据合格的审核结论办理资金拨付。具体程序为：首先，提出用款计划。由建设单位填报"省级建设项目资金支付申请书"，并由其主管部门签署意见后向省财政厅申报；其次，审核用款计划。投资审核机构依照规定，根据项目立项批复、年度预算安排等方面的执行情况、合同约定的支付条款，经对报送的资料进行专业技术审核以及进行现场勘察核实基建项目的实际进度后，提出审核意见；最后，有关处室根据集中支付管理要求和投资审核机构出具的审核意见，办理国库集中支付手续。

浙江省：《浙江省省级基本建设资金财政直接拨付管理办法》规定在基建项目预算支付执行环节要建立"先审核、后支付"的工作机制，也就是对于基建直接拨付的资金，以省财政项目预算审核机构的审核报告作为财政国库拨付资金的依据。

河南省：河南省财政厅要求对基本建设项目概、预算执行和资金使用情况进行评审，提出拨款意见和建议，为拨付项目资金提供依据。相关业务处室依据评审意见或结论开具拨款通知单，国库支付中心直接将建设资金拨付至施工方或供货方，使项目资金拨款做到及时、准确，有效降低了财政部门支付建设资金的风险。

（六）财政项目绩效评价探索

部分地方财政部门将交由财政评审机构承担了财政专项支出项目绩效评价工作，积极探索建立财政项目绩效评价机制，取得了一定成效。

例如，自 2005 年起安徽省财政评审机构，相继开展了农田基础设施、污水处理等 5 类财政性资金投资项目绩效评价试点工作，制定并完善了主要绩效评价指标，初步探索了项目绩效评价方法。同年，《安徽省省本级项目支出绩效考评管理办法（试行）》颁布实施，明确了项目支出绩效评价的主要工作内容和方法。2009 年出台的《安徽省预算支出绩效考评实施办法》明确规定省财政评审机构为省级项目支出绩效评价实施单位。财政评审机构本着"目标明确、边界清晰、简明有效、易于操作"的原则，采用集中评价与分组评价相结合、资料审查与现场评价相结合的方式，顺利完成了包括农村技改专项资金、旅游发展专项资金、革命老区转移支付资金、外国贷款项目等多种类型的财政项目绩效评价工作。在评价中首次对评价指标进行了量化，通过对项目建设的目标完成程度、项目管理水平、财务管理状况、公共社会效益等指标的量化评价，不仅为决策部门提供了准确的信息，为下一年度的预算安排提供了参考依据，促进了项目主管部门对政府投资项目的绩效管理，而且还积累了部分类型项目支出的费用标准，探索出了一套行之有效的"绩效评价＋评审"的工作模式，为下一步建立完善符合各类财政项目实际情况和特点的绩效评价指标体系库奠定了基础。

又如，云南省财政评审机构采用"边试点、边研究"的方法，围绕财政基本建设项目绩效评价指标体系、绩效评价多目标树图方法等内容展开研究，制定了《云南省财政支出基本建设项目绩效评价工作指南》和《云南省财政支出基本建设项目绩效评价多目标树图研究与应用》，并在此基础上着手进行财政支出项目绩效评价软件的研发工作，以此深化财政支出项目绩效评价工作的研究与运用。

再如，四川省财政评审机构在巩固项目预算评审、重大基建项目全过程管理的同时，着力推进财政预算支出项目绩效评价，成为承担财政项目绩效评价任务的主力军。其主要做法包括：

（1）推动构建高效稳定的绩效评价组织管理模式。自2005年起，以基本建设项目为试点，开始对绩效评价工作进行探索。2006年，明确要求"由省财政投资评审中心承担具体实施工作"，扩大了绩效评价试点工作面，同时逐步将其纳入评审日常工作，完成了从试点任务到常态工作的转变。目前，在省级预算支出绩效评价组织管理模式上，基本上形成了厅预算处牵头、财政评审机构具体组织实施重点项目绩效评价、各预算管理处具体组织实施自选项目绩效评价、项目主管部门（单位）参与、市县财政部门联动的绩效评价工作机制。具体为：厅预算处制定绩效评价管理办法、指标体系，下达绩效评价任务，指导绩效评价工作开展，落实绩效评价结果运用；财政评审机构和厅内各预算管理处按照工作分工，分别对重点项目和处室自选项目，根据项目特点和评价要求，制定绩效评价组织实施方案，细化项目评价指标体系及评分标准等，具体组织实施项目评价并出具评价报告；项目主管部门（单位）在评价组指导下开展自评，配合评价工作，并按评价结论整改落实；市县财政部门协同配合省级预算支出绩效评价工作，组织实施本级财政预算支出绩效评价工作。

（2）积极实践促使绩效评价工作取得实效。2005～2009年，共完成58个项目的绩效评价工作，项目总投资94.7亿元，涵盖了产业发展、民生保障、行政运行、基础设施等多个领域，提出政策建议近200条，为增强和提高财政预算支出的效果和效率做出了有益探索。为充分发挥绩效评价作用，财政评审机构积极配合各预算管理处探索评价结果应用机制，将评价结果作为调整优化支出结构的参考依据，对部分组织管理不力、项目效益欠佳、违规使用资金的项目，严格执行相关管理规定，追减回收项目资金，严肃处置违纪违规行为，同时将项目绩效评价报告分别函送相关部门，并尝试选择部分具有典型意义的项目，由省政府将绩效评价结果在媒体公开通报，接受社会监督评价。

（3）配合研究制定绩效评价指标体系。根据省级财政支出预算管理办法，结合支出功能分类科目，统一规范了工业、农业、社会事业、基本建设和运转类五大类项目绩效评价指标，从项目决策、项目管理、项目完成和项目效果四个方面，规范和细化各类项目一、二、三级指标体系，突出简单、实用、可行，初步建立了符合四川实际的项目支出绩效评价指标体系。在此基础上，统一了省级财政项目支出绩效指标、评价标准、评价内容和组织程序等。2010 年，财政评审机构会同厅预算处，进一步规范了通用指标体系、评价标准、项目主管部门自评报告范本等内容，按"操作流程统一、指标体系统一、报告格式统一、信息宣传统一"的"四统一"要求全面推进绩效评价工作。

四、财政评审的技术服务能力显著增强

各级财政部门通过对项目立项的必要性、实施的可行性、支出的合理性进行评价和审查，使财政评审的技术服务能力显著增强，为提高财政管理的科学化、精细化水平发挥了重要作用。财政评审的技术特性主要通过以下三个方面发挥作用：

（一）项目立项的必要性

结合事业发展需要和项目申报部门的实际需求，审核论证项目立项依据的充分性和项目实施的必要性，为合理确定项目服务。对虚报、重报和暂不具备申报条件的项目，提出不予安排或暂缓安排的建议。例如，在山东省财政困难县的乡镇敬老院设备设施改造项目评审中，财政评审机构通过对其建设的必要性进行评审，从申报的 662 所乡镇敬老院中剔除了 100 余个不符合规定条件的项目；通过对该省各级卫生部门申报的拟列入全省村卫生室建设规划的 31044 所村卫生室进行了评审，最后核定全省规划内村卫生室数量为 27335 所，剔除不符合

规定建设条件的村卫生室 3709 所。

（二）项目实施的可行性

以项目支出符合国家相关法律法规和政策规定为前提，对项目的设计或操作方案、资金结构、财政承受能力、项目其他配套资金来源的可靠性，项目的社会效益、经济效益，项目的技术风险、财务风险及对环境产生的影响等内容进行可行性论证。同时，对项目建设标准及规模进行评审论证。对超规模、超标准的项目，及时提出意见和建议，督促部门和单位加强前期论证工作，及时调整建设方案，合理确定建设标准，以提高项目决策水平。例如，对各级财政部门提供担保的世界银行、亚洲开发银行和外国政府贷款项目，财政部要求先评审后批准，必须先由财政评审机构对项目的效益、配套资金和风险情况进行全面评审论证，对效益不高且存在还贷风险的项目，不予批准，有效避免了盲目性投资和借款偿还风险，有利于外债"借得来、用得好、还得上"。

（三）项目支出的合理性

通过对项目支出内容及其与项目内容的相关性、支出的额度和标准以及部门内部和部门之间平衡等内容进行评审论证，为项目预算的准确性服务。以山东省革命老区困难县建设项目为例：在项目门类复杂、基础资料缺乏的情况下，财政评审专业人员深入到乡村、农户实地勘测，取得了大量一手资料，准确而合理地确定了项目预算，确保了项目的顺利实施。

通过以上三个环节的工作，财政评审"节支增效、强化管理"的作用充分显现。一方面，加大了财政部门对政府投资的管理力度。基本建设项目概预算评审和重大基建项目全过程跟踪评审有效遏制了建设项目高估冒算和"三超"等现象，为财政"节约"了大量的建设资金。另一方面，为深化部门预算改革提供了有效的专业技术支撑。通过在预算管理环节引入评审机制，引导项目单位将项目预算做"准"、做"细"、做"实"，同时解决了财政部门与项目主管部门之间的信息不对称问题，避免了部门预算项目支出预算核定的随意性，使项目支出预算审核过程更加透明、规范，提高了项目支出预算的准确性。

五、财政评审机构队伍建设稳步推进

1999 年财政部投资评审中心经批准成立后，各级财政部门相继设立了专职财政评审机构。有些地方还建立了财政评审特聘机构和特聘人员库，作为协助财政部门开展财政评审工作的重要补充力量，以满足日益增长的评审业务的需要。

（一）财政评审机构队伍建设概况

1. 基本情况

截至 2013 年底，全国各省、自治区、直辖市财政部门，全部设立了专职财政评审机构，全国财政评审机构共计 2092 个（含财政部投资评审中心），专职财政评审人员共有 13236 人，其中专业技术人员 8354 人，占全部财政评审人员的 63.12%。

从财政评审机构的级别看，国家级财政评审机构 1 个，即财政部投资评审中心，省（含新疆建设兵团）和计划单列市（含大连、厦门、青岛 3 个计划单列市）财政部门财政评审机构 35 个，副省级城市和市、州财政部门财政评审机构 345 个（覆盖面超过 95%），县（市、区）财政部门财政评审机构 1711 个（覆盖面超过 60%）。

从财政评审机构的性质来看，行政机构 122 个（除湖北省和青岛市外，其余均为市、县级机构），参照公务员管理的事业单位 438 个，全额拨款事业单位 1348 个，差额拨款和自收自支事业单位 184 个，分别占全国财政评审机构总数的 5.83%、20.94%、64.44%、8.79%。

在 35 个省级财政评审机构中，共有行政机构 2 个（湖北省和青岛市），占 6%；参照公务员管理的事业单位 21 个，占 60%，具体为：上海、河北、河南、黑龙江、浙江、安徽、福建、江西、山东、湖南、广东、广西、四川、云南、甘肃、内蒙古、新疆、西藏、新疆建设兵团和大连、厦门 2 个计划单列市；全额拨款事业单位和自收自支事业单位分别为 5 个和 7 个，分别占 14% 和 20%。2056 个地市、县级财政评审机构中，行政机构 120 个，占 5.84%；参照公务员管理的事业单位 417 个，占 20.28%；全额拨款事业单位数量最多，为 1343 个，占 65.32%；差额拨款和自收自支事业单位 176 个，占 8.56%（见图 4 - 6、图 4 - 7）。

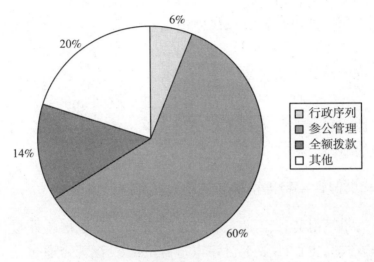

图 4 - 6　省级财政评审机构情况

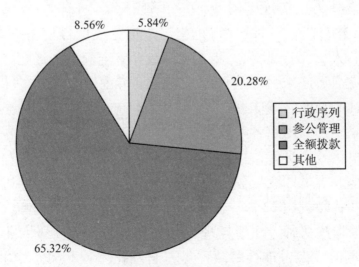

图 4 - 7　地市和县级财政评审机构情况

2. 主要特点

行政机构和参照公务员管理的事业单位所占比重急剧增大。财政部投资评审中心于1999年成立之初，为自收自支事业单位。各级地方财政评审机构成立之初，除极个别为行政机构外，基本上为事业单位，其中，全额拨款、差额拨款和自收自支性质的事业单位基本上各占1/3。近年来，随着财政评审理论研究的逐步深入和财政评审成效的逐步显现，各级党委、政府和财政部门对财政评审愈加重视，同时也越来越认识到，财政评审机构的"事业"身份难以适应工作需要，甚至制约了财政评审工作的正常开展，为此，各级财政评审机构的性质加快向"行政"、"参公管理"转变，并取得了突破性进展。截至2013年底，全国行政性质和参照公务员管理的事业单位560个，占全国财政评审机构总数的26.77%。

（二）财政评审特聘机构和特聘人员库建设情况

随着近年来财政评审业务量的急剧增长，各地财政评审机构创新评审组织方式，更加侧重于对评审过程的组织管理，通过建立健全各级财政评审特聘机构及特聘人员库，广泛吸纳社会上的优秀专业技术力量，巧借外力，实现了财政评审"管"与"干"的有机结合。如2013年，山东省本级财政评审机构，全年完成项目评审额157.08亿元，而实有人员仅有20人，年人均完成评审金额近8亿元。

为了完成看起来"不可能"完成的评审任务，只有"借力"，即组织利用社会专业技术人员，作为财政评审力量的有效补充，取得了良好的效果。如，山东省财政系统建立了结构合理、专业齐全的财政评审特聘机构及人员库，协助开展财政评审工作。其中，省级财政评审特聘机构及人员库共吸纳会计师事务所、工程造价咨询机构、资产评估机构等特聘机构22家，注册会计师、注册造价工程师、注册资产评估师、注册税务师、注册监理工程师和其他各类高级专业技术人员1832人。同时，大力推行财政评审"自动化工程"，以"山东财政内部信息网"为平台，以"财政投资评审中心网页"为载体，研究开发了"山东省财政评审特聘机构及人员库管理系统"，实现了全省财政评审特聘机构及人员信息资源的共享，对特聘机构及人员进行实时考核和动态管理，促进了全省财政评审工作的顺利开展。目前，山东省财政评审系统的特聘机构及人员已成为协助开展财政评审业务的重要力量。

当然，"借力"，不是简单的"委托"，更不是"一托了之"，而是由财政评审机构统一组织、协调、培训包括工程造价人员、财务人员、评估人员、行业专家学者在内的多方力量，是财政评审机构有效利用社会资源、提高财政评审效能的过程。

六、财政评审的影响力持续扩大

财政部门直接开展投资评审工作尤其是财政部投资评审中心成立以来，各级财政部门在扩大财政评审规模、拓展财政评审范围、加强财政评审机制建设、提升财政评审技术服务能力、推进财政评审机构队伍建设等方面均取得了显著成效，不仅节约了大量资金支出，堵塞了财政管理漏洞，还提出了大量有价值的对策建议，有效提升了财政管理的科学化、精细化水平，赢得了各级领导同志的充分肯定和极大关注。

（一）国务院领导同志的部分批示指示

1999 年 3 月 16 日，时任国务院总理温家宝在财政部基本建设司进行投资评审后报送国务院《关于 1000 亿元国债专项资金安排和使用情况的报告》上批示："用好国债专项资金，加强基础设施建设，关键要抓好两个环节，一是确保工程质量，二是合理使用资金。目前国债专项资金使用中存在的问题，应引起重视，及早解决。建议计委、财政部商有关部门尽快研究提出进一步加强资金使用管理的办法。同时，加强稽查、审计，发现问题，及早处理和纠正。"

1999 年 4 月 14 日，时任国务院总理温家宝在财政部基本建设司进行投资评审后编报的第六期"情况反映"《亡羊补牢，严控超概——控制中央直属粮库概算超支取得成效》上批示："粮库建设资金管理，要贯穿工程建设全过程，从概算、预算到决算，始终坚持严格的审核，严格的财政监督和管理，不能等到竣工后再算账。其他项目也要注意这个问题。"

（二）财政部领导同志的部分批示指示

1999 年 5 月，时任财政部副部长楼继伟指出："成立财政投资评审中心是为了加大对财政性投资的管理力度。通过科学论证，严格进行项目评审和跟踪检查，真正把国家的有限资金用在刀刃上，发挥出最大的投资效益。虽然去年财政部加大了建设资金的监督管理，特别是检查力度，但中间缺少了一个评审环节。成立投资评审中心，就是有这样一个机构为加强财政性投资预算管理和监督服务，这是今年财政工作的一件大事。"

1999 年 8 月，时任财政部副部长楼继伟对中国革命博物馆、中国历史博物馆维修工程概算评审工作作出重要批示："从这件事看，评审后核减概算 15% 以上，就可说明财政部成立评审中心是完全必要的。加强财政监管是《预算法》赋予财政部门的职责，投资评审是重要的组成部分。希望评审中心依法履行职责，严谨务实，廉洁自律，客观公正，勤政高效，做出更大成绩。"

2002 年，时任财政部副部长楼继伟在《财政投资评审工作前三年回顾》和《财政投资评审工作后三年设想》上批示："部评审中心成立以来，各级财政也相继建立，各级中心发挥了很大作用。同时也反映出在人员建设、工作程序、法规规范方面存在一些需要解决的问题。可由经建司与评审中心提出具体意见，待各司总结都交上来后，注意把问题列出，党组通盘研究。"

2007 年 12 月，时任财政部部长谢旭人在全国财政工作会议上指出：要"合理设计投资评审的职责和业务范围，探索投资评审为部门预算编制和项目库建设服务的有效途径。"

2007 年 12 月，财政部副部长张少春在《北京市开展项目预算事先评审使预算精细化程度和支出进度大大提高》调研报告上批示："从下一步深化部门预算改革、完善预算项目库建设、提高预算编制和执行效率的趋势看，必须建设好、使用好我部的投资评审机构。要结合预算改革来设计评审机构的职责和业务范围，使其逐步与预算管理有机地、紧密地结合起来。评审机构要按照这一目标和任务搞好机构和队伍建设。"

2008 年，财政部副部长张少春听取财政部投资评审中心工作汇报并作重要指示："一、要研究财政投资评审工作发展的方向。财政投资评审是改革的产物、发展的产物，现在处在历史发展的关键时期，应该静下心来，认真研究财政投资评审工作的发展方向，做到与时俱进，在财政改革中不断发展壮大。因此，中心要认真学习党的十七大精神和国家经济、财政体制改革的主要精神，认真思考财政投资评审工作如何与财政改革的长远发展有机地结合，保证财政投资评审与财政中心工作息息相关。通过研究，把我们自己的定位搞清楚，职能要通过制度和财政预算体制改革逐步明确。二、适应新形势，开拓评审业务范围。中心成立之初主要是为基建投资项目及大型修缮项目服务的，当时，其他业务司局的项目很少，但随着国家财力不断增强，公共财政服务的领域越来越宽，科学、教育、卫生等部门的项目越来越多，这样，我们原来的评审范围就比较狭窄，因此，我们应开阔视野，进行重大工作思路的调整，学习掌握各行业项目的特点，开拓评审业务范围，为部门预算管理服务。"

2010 年 1 月，财政部副部长张少春在《评审中心 2009 年工作总结》上作重要批示："请谢部长、廖副部长阅。去年财政投资评审工作继续取得进展，评审在财政工作中的作用也越来越重要。希望在新的一年，部评审中心在新领导班子的带领下，狠抓队伍建设、制度建设，不断提高干部素质和工作水平，切实转变工作作风，树立良好风气，努力开创财政投资评审工作的新局面，为推进财政科学化、精细化管理发挥更大的作用。"

2012 年，财政部副部长张少春在财政部投资评审中心 2011 年年终工作总结大会上指出："中心职能的问题，是我给自己提的一项要求，今年要研究，向党组建议，要推动，使我们评审中心工作在预算管理当中成为一个有机的组成部分。"

2013 年，财政部部长楼继伟指出：财政评审在预算管理中涉及的内容与其他司局不同，但工作的实质是相同的，都是为加强预算管理服务。评审主要应该是事前，重点要放在前端，是加强项目预算的审核。评审和监督都是预算管理工作的延伸，是提高预算准确性的一个重要手段，要把评审作为一个环节、一道程序，做好评审工作，预算就能比较实。他同时强调，评审必须做，结果反馈到预算；评审结果必须用，要研究评审结果使用的问题。要做好顶层设计，建立评审的机制、流程，完善评审流程，将评审纳入预算管理环节。

2013 年，财政部副部长刘昆指出：评审中心应该是一个评审管理机构，而非评审的具体操作机构。部中心准确的职能定位，对地方有指导意义；地方评审机构很多都在做基本建设投资项目的评审，工作开展得不错，研究部中心的职能时要充分考虑全国评审系统的工作情况，要引导好、保护好。他还强调，评审中心的长远发展，必须要借助改革的春风，做制度化的安排，要充分利用好当前有利时机把工作推动起来。

（三）山东省领导同志的部分批示指示

2006 年 1 月 20 日，山东省人大常委会副主任尹慧敏（时任山东省财政厅厅长）指出：“要加大财政投资评审工作力度，从今年开始，对预算安排以及年度预算执行中追加用于省级单位的重大基本建设支出和专项支出，财政投资评审中心要进行严格评审。”2007 年 5 月 28日，指出：“投资评审是财政职能的重要组成部分，加强投资评审工作是提高财政投资效益的有效措施。今后，随着财力的持续增长和公共财政体系建设的不断完善，各级政府将不断增加对经济社会发展薄弱环节的投入，财政投资评审工作的任务会越来越繁重。各级财政部门要进一步重视和加强投资评审工作，着力完善工作机制，逐步将财政投资评审与预算的编制、执行紧密结合起来，切实发挥投资评审在推进依法理财、规范理财、科学理财方面的作用。各级财政投资评审机构要进一步强化大局意识、责任意识、服务意识，切实加强干部队伍和内控制度建设，积极创新评审工作方式方法，不断拓展投资评审范围，努力把我省财政投资评审工作推上一个新台阶。"2007 年 8 月 6 日，在 2008 年省级部门预算工作会议上指出："当前，我省项目支出预算管理的总体目标是，完善财政和部门分级项目库，建立项目评审论证和绩效考评制度，加强对项目资金拨付全过程的管理，逐步形成'事前评审、事中监控、事后考评'的管理体系。2008 年省级部门预算编制工作，要推进项目投资评审和绩效考评，努力提高专项资金的分配和使用效益。对部门上报的关系经济社会发展全局的重点项目、财政投入资金数额较大的项目、当年新增的跨年度项目等，省财政厅要组织开展必要的投资评审论证，并根据评审结果确定是否列入预算，切实提高预算资金安排的准确性和科学性。"2007 年 12 月 28 日，在全省财政工作会议上指出："建立规范的支出项目预评审制度和项目库制度。今后凡重大支出项目，事先都必须进行评估论证和成本效益分析，各方面取得一致意见后进入项目库，然后根据财力情况和'轻重缓急'的原则，按照规范程序安排项目，形成滚动的项目库。同时，充分发挥投资评审的评估论证作用，加强项目预评审，提高项目预算的真实性、科学性和可执行性。"2008 年 11 月 27 日，在深入学习实践科学发展观的辅导报告中指出："从总体上看，目前预算的年初到位率还比较低，先经评审后列入预算的项目毕竟是少数，财政管理大而化之的问题还比较突出，今后要继续推进预算评审机制建设，充分发挥财政评审的评估论证作用，做到哪里有公共支出，哪里有财政投资，哪里就有财政评审，进一步提高项目预算的科学性。要建立健全项目库制度，凡是重大支出项目，事先都必须进行评估论证和成本效益分析。"

2008 年 2 月 18 日，时任山东省省长姜大明对《省财政厅加强和改进财政投资评审工作的做法及建议》批示："这项工作很重要，效果也好。所提建议请仁元、兆前同志阅示。"2009 年 2 月 19 日，对《我省各级高度关注财政投资评审工作　省财政厅对此提出强化工作建议》批示："可发一期政务信息。"（特刊专发省委省政府和各市政府主要领导同志参阅）。2009 年 10 月 9 日，对财政评审后撰写的《进一步完善农村最低生活保障制度的调研报告》批示："请兆信同志参阅。"2010 年 1 月 12 日，对财政评审后撰写的《科学规范利用世行贷款 加快推进节能减排环保工作——我省利用世界银行贷款环保项目绩效评价报告》(《财政情况·调研版》2009 年第 63 期) 批示："同意利民同志意见。"在 2010 年全省财税工作会议上指出："在财政资金尚不宽裕的情况下，要深化国库集中支付、政府采购、投资评审和收支两条线等改革，强化绩效考评，努力提高资金使用效益，做到少花钱多办事。"

2008 年 2 月 18 日，时任山东省副省长李兆前对《省财政厅加强和改进财政投资评审工作的做法及建议》批示："立法计划项目目录（草案）中已有该法规。请法制办按姜省长和仁元省长的批示精神，提前与财政厅衔接，做好前期工作。"

2009 年 10 月 9 日，时任山东省副省长郭兆信对财政评审后撰写的《进一步完善农村最低生活保障制度的调研报告》(《财政情况·调研版》2009 年第 28 期) 批示："这个报告对目前农村低保情况作了认真的分析，同时针对存在的问题提出了很好的意见和建议。请省民政厅参阅。"并在《山东政务信息专报》(2009 年第 103 期) 刊发的《省财政厅提出完善农村社会保障体系建设的政策建议》上再次批示："省财政厅的几条建议很好。请国勋、国琛同志阅。"

2010 年 1 月 11 日，时任山东省副省长才利民对财政评审后撰写的《科学规范利用世行贷款 加快推进节能减排环保工作——我省利用世界银行贷款环保项目绩效评价报告》批示："报大明省长阅示。利用世行、亚行贷款，是对外开放和间接利用外资的重要内容，是推进节能减排的重要融资渠道。此类贷款周期长、利息低，建议加强研究，积极扩大规模，在原良好工作基础上，再上新台阶。"

2011 年 12 月 16 日，山东省副省长王随莲对财政评审后撰写的《全省村卫生室服务能力提升项目四年"攻坚战"告捷》(《财政情况》调研版第 49 期) 批示："四年来，在各级各部门的共同努力下，省政府确定在全省村卫生能力提升的项目建设圆满完成，农村卫生服务网络更加完善，服务能力得到大幅度提升。省财政厅、省卫生厅等部门采取科学规划、规范项目运行、资金保障实行评审等多种措施，全力推进项目实施，为将这一惠民利民的实事落实到位做了大量卓有成效的工作。下一步，希望再接再厉，根据深化医改保基本、强基层、建机制的总体要求，继续加大对村卫生室人才培养、信息化建设和规范化管理方面的力度，着力构建长效运行机制，促进村卫生室的持续健康发展。"

2012 年 1 月 17 日，山东省委常委、常务副省长孙伟对《我省财政评审工作成效明显　去年审减和审出不合理资金 145.08 亿元》（《山东政务信息专报》2012 年第 5 期）批示："去年全省财政评审工作量大、面广、任务重，在各级共同努力下取得显著成效。望进一步总结经验，更好地发挥财政评审工作在消除运行风险、提升管理水平、保障重大供给、促进健康发展等方面的重要作用。"

第三节　当前我国财政评审面临的突出问题

近年来，我国财政评审工作成效显著，为公共财政建设和经济社会事业发展做出了重要贡献，赢得了各级党政领导和财政部门领导的充分肯定和高度评价，但同时也面临着一些不容忽视和亟待解决的问题，突出表现在以下五个方面：

一、法律法规缺失

我国财政评审法律法规建设一直落后于评审事业的发展。财政评审职能自收归财政部门以来，尽管财政部先后出台了一些规范性管理办法，如财政部根据《中华人民共和国预算法》制定的《财政投资评审管理暂行规定》、《财政投资项目评审操作规程》等，为财政评审事业的开展提供了一定的依据，但立法层次较低，权威性不强，法律层面的更是欠缺，亟待补充。法律的缺失导致财政评审结论的法律效力成为长期困扰评审工作的难题，其合法性和权威性屡遭质疑，甚至多次出现财政评审机构被告上法庭的案例。

　　一个典型的案例是：2008 年，福建省高级人民法院在审理建设工程施工合同纠纷案件中，就如何认定财政评审机构出具的评审结论问题请示最高人民法院，最高人民法院对此做出司法答复："财政部门对财政投资的评定审核是国家对建设单位基本建设资金的监督管理，不影响建设单位与承建单位的合同效力及履行。但是，建设合同中明确约定以财政投资审核结论作为结算依据的，审核结论应当作为结算的依据。"最高人民法院的司法答复，作为统一的司法解释和判案依据，对财政评审结论的法律效力给予了较为明确的界定。对于上述司法解释，我们认为，在财政评审行为得到法律保护之前，其结论的法律效力就是空谈。试想一下，如果建设单位和施工单位因种种原因未在合同中约定以财政投资审核结论作为结算依据，那么财政评审机构乃至财政部门将会无权对财政投资的建设项目的造价进行审核，对项目建设过程中的违规违纪行为无能为力，仅能扮演"旁观者"、"局外人"的角色。因此，无论从当前还是长远看，财政评审应当有法可依，有章可循，有制度作保障。

　　就财政部门内部而言，对财政评审结论的运用也缺乏相应的法律法规支撑。目前，财政内部管理机构具有事实上的资金分配决定权，对财政评审结论的运用缺少相应的制度约束和责任追究制度，因此，财政内部各预算管理机构是否按照评审结论编制部门预算或作出相关决策，项目单位是否按照财政评审结论组织项目实施，难以得到有效保障，加之缺少有针对性的事后监督措施，很难将财政评审结论落到实处。另外，对事前评审审减的资金，财政部门在拨付资金时可以予以扣减，但是，对项目竣工决算审减的资金应如何处理，缺少相应规定。

二、职能定位不清晰

　　财政的主要职能之一是配置公共资源，而财政评审作为重要的"技术管理"职能，本身就是财政履行资源配置职能的重要手段。但是，由于当前关于财政评审机构的性质界定不合理、评审职能定位不准确，导致了财政评审机构的责、权、利不配套，给工作开展带来一定的困难。当前，财政改革的重点已转向财政支出管理，部门预算制度，政府采购，国库集中支付等改革已见成效。但是，从全国层面来看，财政评审作为财政管理的重要组成部分，目前尚未作为财政部乃至全国财政改革的重点内容加以推进。一方面，财政评审参与政府基本建设投资项目的力度不够。近年来，国家虽然加强了政府投资项目评审工作，但绝大部分财政投资项目仍旧游离于财政评审之外，财政部门只是按照投资概算或投资计划被动地编制预算，真实性和准确性难以保证，财政管理出现"缺位"；另一方面，目前列入部门预算的财政专项支出项目中，经过评审论证的只是一部分，对大部分项目而言，财政评审的专业技术管理优势尚未得到充分发挥，财政评审尚未与预算管理全面地、有机地结合起来。同时，当前我国财政评审工作尚未贯穿财政资源配置过程，项目评审的组织实施，缺乏统一规划和具体切入点，财政评审机构基本上停留在充当临时"救火员"的角色。不仅如此，目前财政评审机构主要为具体的财政基建投资项目服务，未能融入预算支出管理程序，未能站在大财政的角度为整个预算管理服务。

三、行政执法地位不合理

财政部《财政投资评审管理暂行规定》明确了"财政投资评审是财政职能的重要组成部分"，意味着财政评审具有"行政职能"的属性。而从法理上说，履行行政职能的主体必须是行政机关或法律、法规授权的组织。但该《暂行规定》同时沿袭了委托建设银行代行财政职能时期的用词，规定"财政投资评审工作由财政部门委托财政投资评审机构进行"。从法理上，这句话应该理解为授予财政评审机构进行相关工作的权力，构成了"法律法规授权"；即使退一步按"行政委托"分析，也是财政职能的委托，而不是事务性或者单一项目评审事项的委托。同时，从各级主管部门授予财政评审机构的职责来看，这类机构应该是行政机关或法律、法规授权的组织，应该是财政内部专司投资评审管理的专业机构。但是，由于目前对财政评审机构行政执法主体地位认识不一致，为财政评审工作的运行带来了一系列的问题，导致部分评审机构的中介化、边缘化。财政评审机构多数为财政部门所属事业单位，多靠同级或上级财政部门委托开展工作，有的甚至以盈利为目的，向被评审单位收取费用，在一定程度上表现出社会中介机构的某些特点，从而影响了财政评审的权威性。部分财政评审机构为自收自支的事业单位，经费来源得不到可靠保障，只能与社会中介机构展开业务竞争，难以保证财政评审结论的客观性和公正性，同时也丧失了财政评审的行政性和权威性，实质上已经成为社会中介机构。

四、管理模式不统一

财政评审的管理模式大致可以分为组织管理、业务管理和风险管理三个方面。目前，由于法律法规的缺失，我国对财政评审机构的设置、管理体制和运行模式尚无统一规定，而各地方对财政评审的认识存在较大差异，导致评审管理模式上的多样化：如第三章关于评审职能归属方面的两种授权型、两种委托型模式。从经费管理上看，有全额拨款、差额拨款和自收自支三种模式，更是差异明显。财政评审运作模式的不统一，导致了各地财政评审机构设置、工作组织运行上千差万别。随着区域经济合作的开展，财政评审工作跨市、跨省或跨地区的现象越来越频繁，工作量也将越来越大，对财政评审工作的统一性提出了更高的要求。现行的财政评审管理模式既不适应开展区域经济合作的需要，也严重地影响财政评审的规范化建设。而且，在委托型评审方式下，财政评审机构不能自主确定评审项目，也导致了财政评审机构的工作缺乏计划性，常常处于被动应付状态，评审时间与评审质量方面的矛盾很难协调。同时，随着绩效财政建设的深入推进，财政评审更加强调"全过程、全方位、全覆盖"，使得财政评审工作更为复杂。如何更好地适应这种发展变化，已经成为财政评审事业发展的当务之急。

五、队伍素质有待进一步提高

财政评审工作专业性强、技术含量高，对财政评审队伍的综合素质要求较高。作为财政评审人员，不仅需要熟练掌握财政、财务管理专业知识，还要熟练掌握工程造价及其他各有关专业技术知识。但是，由于我国财政评审机构组建时间较短，工作人员来源渠道较多，总体上看，目前我国财政评审队伍的专业结构不合理，难以有效满足财政评审工作正常开展的需要。为解决上述问题，有些地方聘用社会中介机构及其人员协助开展项目评审工作，但因人员流动性大、缺乏主人翁意识，加之相应的管理措施和业务培训跟不上，在一定程度上影响了财政评审工作的规范化和评审质量。

第五章

新型财政评审管理体系构想

财政评审管理体系主要包括组织管理体系、业务管理体系和风险管理体系三个部分。该体系的全面性和规范性是财政评审工作顺利开展的基础和保障。自财政部门收回并行使财政评审职能以来，各级财政评审机构在财政资金管理中发挥了重要的作用，有力地遏制了截留挪用资金、高估冒算和"三超"等资金损失浪费现象，为积极财政政策的贯彻落实做出了重要贡献。但与此同时，财政评审管理体系的相对滞后的问题仍然较为突出，不仅没有形成全国统一的财政评审管理体系，在各省、自治区、直辖市的不同地区，甚至同一市的不同县、市、区，其管理体系也各不相同，严重制约了财政评审事业的健康发展。因此，积极探索建立新型的财政评审管理体系，具有重要的现实意义。

第一节　财政评审法制基础的完善

财政评审是政府行政行为，因此应当制定和完善相关法律、法规和规章制度，使财政评审有法可依、有规可循。

一、当前我国开展财政评审工作的主要依据

目前，我国开展财政评审工作的依据包括法律、法规、规章及制

度依据。在法律体系中，法规指国务院、地方人大及其常委会、民族自治机关和经济特区人大制定的规范性文件。主要包括行政法规、地方性法规、民族自治法规及经济特区法规等。目前，我国财政部门开展财政评审工作的行政法规依据主要为国务院颁布的《中华人民共和国预算法》及其实施条例和国务院批准的财政部"三定方案"。具体为：

(一)《中华人民共和国预算法》及其实施条例

1994 年，《中华人民共和国预算法》（以下简称《预算法》）经全国第八届人民代表大会通过并颁布实施。第七十一条规定："各级政府财政部门负责监督检查本级各部门及其所属各单位预算的执行；并向本级政府和上一级政府财政部门报告预算执行情况"，第四十七条规定："各级政府财政部门必须依照法律、行政法规和国务院财政部门的规定，及时、足额地拨付预算支出资金，加强对预算支出的管理和监督"，以法律形式赋予财政部门管理监督本级政府各部门及其所属各单位预算执行情况的职能，并明确了财政部门具有预算管理和预算监督的职权。第四十九条规定："各级政府应当加强对预算执行的领导，支持政府财政、税务、海关等预算收入的征收部门依法组织预算收入，支持政府财政部门严格管理预算支出。财政、税务、海关等部门在预算执行中，应当加强对预算执行的分析；发现问题时应当及时建议本级政府采取措施予以解决"，要求财政部门严格管理预算支出，加强对预算执行的管理、监督和分析。财政部门为加强项目支出管理，成立了专职的财政评审机构。因此，《预算法》是财政部门开展财政评审工作的基本法律依据。

1995 年，国务院颁布《中华人民共和国预算法实施条例》（以下简称《实施条例》），明确提出了财政部门实施财政监督管理职能的具体要求。《实施条例》第三十三条规定："各级政府的财政部门负责预算执行的具体工作，主要任务包括：（1）制定组织预算收入和管理预算支出的制度和办法；（2）根据年度支出预算和季度用款计划，合理调度、拨付预算资金，监督检查各部门、各单位管好用好预算资金，节减开支，提高效率；（3）指导和监督各部门、各单位建立健全财务制度和会计核算体系，按照规定使用预算资金；（4）编报、汇总分期的预算收支执行数字，分析预算收支执行情况，定期向本级政府和上一级政府财政部门报告预算执行情况，并提出增收节支的建议；（5）协调预算收入征收部门、国库和其他有关部门的业务工作。"第三十七条规定："各级政府财政部门应当加强对预算拨款的管理，并遵循下列原则：（1）按照预算拨款，即按照批准的年度预算和用款计划拨款，不得办理无预算、无用款计划、超预算、超计划的拨款，不得擅自改变支出用途；（2）按照规定的预算级次和程序拨款，即根据用款单位的申请，按照用款单位的预算级次和审定的用款计划，按期核拨，不得越级办理预算拨款；（3）按照进度拨款，即根据各用款单位的实际用款进度和国库库款情况拨付资金。"第三十八条规定："各级政府、各部门、各单位应当加强对预算支出的管理，严格执行预算和财政制度，不得擅自扩大支出范围、提高开支标准；严格按照预算规定的支出用途使用资金；建立健全财务制度和会计核算体系，按照标准考核、监督、管理，提高资金使用效益。"第三十九条规定："财政部门负责制定与预算执行有关的财务会计制度。各部门、各单位应当按照政府财政部门的要求，加强对预算收入和预算支出的管理核算。"第五十一条规定："政府财政部门有权对本级各部门及其所属各单位的预算执行进行监督检查，对各部门预算收支的情况和效果进行考核。"第七十六条规定："各部门及其所属各单位应当接受本级财政部门有关预算的监督检查；按照本级财政部门的要求，如实提供有关预算资料；执行本级财政部门提出的检查意见。"

《实施条例》明确规定财政部门负责预算编制和执行的具体工作，负责加强对预算支出的管理。财政评审作为财政部门加强财政支出管理的重要工具和技术手段，《实施条例》为其提供了必要的法规依据。

（二）财政部"三定"方案

2000年，国务院批准的财政部"三定"方案明确指出：财政部参与国家投资重大项目的前期研究和项目评估，参与其投资概算的确定和招标工作，负责财政性资金投资项目工程预算审核及管理工作，办理委托建设和有关机构对中央财政投资项目有关管理业务工作，参与国家重点项目竣工验收。"三定"方案赋予了财政部门参与国家投资重大项目的监管职责，已成为各地财政部门制定财政评审工作规章制度和开展财政评审工作的重要依据。

二、新型财政评审法规制度体系构想

我国目前还没有一部系统的法律法规专门对财政评审行为作出具体明确的强制性规定。为了更好地发挥财政评审的技术管理作用，应结合公共财政体制建设、分税制改革和政府采购、招标投标制度建设，尽快研究确立财政评审的职能定位，促使其与政府预算、资金管理部门政策制度协调一致，加大财政评审力度，为提高投资预算的科学性和合理性提供强有力的技术支撑，变目前"我要评"为"要我评"，实现财政资金项目的"应评尽评"。

（一）在《预算法》及其《实施细则》修订中明确财政评审的职能作用

我国《预算法》及其《实施条例》至今还处在修订过程之中，可以说这为明确财政评审的法律定位提供了绝佳机会。因此，可以抓住《预算法》出台前的最后时间，加入财政评审的相关内容，明确提出将财政评审作为预算管理的组成环节，作为项目支出管理不可或缺的手段，要求对项目立项的必要性、实施的可行性、支出的合理性、结果的绩效性进行强制性评审，将评审结论作为预算编制和审核的重要依据。

（二）将财政评审纳入《政府投资条例》

我国从 2001 年提出出台相关法律法规规范政府投资行为，多次列入立法工作计划。2010 年 1 月 7 日，国务院法制办公布了《政府投资条例（征求意见稿）》向社会征求意见，但一直没有推出。2013 年 5 月 18 日，国家发改委提出《关于 2013 年深化经济体制改革重点工作意见》，提出在正确处理好政府与市场、政府与社会关系总体要求下，在投融资体制改革方面"制定政府投资条例"。财政部门应当抓住这一契机，在《政府投资条例》中增加财政评审相关内容，以进一步加大财政部门参与政府投资项目管理的力度，理顺财政部门与发展改革部门在政府投资管理领域的分工与协作关系。

（三）加快推进地方财政评审法规建设

各地应结合各自财政工作实际情况，研究制定本地区的财政评审条例，依法推进财政评审事业健康发展，加快推进财政评审机构队伍建设。

（四）加强财政评审规章制度建设

各地各有关方面应尽快研究出台财政评审规章制度，明确财政评审为部门预算编制、财政项目库建设、资金跟踪问效、政府采购、国库集中支付、竣工财务决算审批、行政事业单位国有资产管理等环节服务的程序、办法和步骤，尽快建立起科学规范的财政评审机制。

第二节　新型财政评审组织管理体系构想

为进一步推进财政改革和发展，切实提高财政管理水平，应紧紧围绕财政评审理念、服务供给、绩效评价等方面，构建新的财政评审组织管理体系。

一、树立"不唯减、不唯增、只唯实"的财政评审理念

财政评审是公共评审，既不是中介评审，也不是市场评审。因此，

要牢固树立大局意识和服务意识，努力研究探索科学的评审方法，突出财政评审的公共性、公正性、科学性和规范性。坚守"不唯减、不唯增、只唯实"的评审理念，做到当减则减、当增则增。要认识到审减是工作成效，审增同样是工作成效，而且是更大更重要的工作成效。真正做到"跳出评审抓评审"，既求节约、更重绩效；本着有利于预算管理、有利于公共财政体系的完善、有利于经济社会事业发展的原则，使财政评审工作站得更高、看得更远，做得更精，从而得到更为广泛的认可、信任和支持。只有这样，财政评审的路子才会越走越宽，影响力才会越来越大。

要通过创新财政评审理念，逐步实现如下目标：首先，不断提高财政评审的受关注度、受重视度。使各级政府、各预算部门和单位等谈评审、用评审、重评审的氛围更加浓厚，逐步实现财政评审由"我要评审"向"要我评审"的新的发展阶段；其次，不断拓展财政评审的范围，使其内容更加广泛，形式更加丰富，形成投资类、发展类和业务类三类项目平行推进，事前、事中、事后三种评审并驾齐驱的局面；最后，围绕预算管理的科学化、精细化，进一步加强财政评审工作研究，切实提高财政评审的技术含量和业务水平，增强其服务能力。

二、建立"六先六后"财政评审机制

随着财政体制改革的深入，财政评审面临着不断优化工作机制的需要。现阶段，应不断尝试、完善"六先六后"式评审机制，尽快实现财政支出的"应评尽评"。

（一）在预算编制方面，做到"先评审、后编制"

在公共财政框架内，预算作为一种财政收支计划，是保证政府正常运转、实现其各项目标的重要工具。预算将公共资金在各项社会公共需要之间根据其优先性进行分配。因此，预算编制环节具有工作量大、专业性强的特点。财政评审可以从专业技术层面为预算编制提供基础性信息支持，使预算指标的确定更加科学、规范，提高预算编制的准确性，从而强化预算硬约束，维护其严肃性和权威性。因此，财政评审机构要主动介入部门预算编制环节，积极探索财政评审与部门预算编制的最优结合方式。例如，在预算编制阶段参与项目前期论证，对项目的可行性和规模设计提出评审意见，从源头上支出预算的准确性提供技术保障。

1. 建立健全基本建设财政支出预算评审机制

在现行财政制度框架下，政府投资的决策过程与预算过程是分离的，从而导致预算软约束问题的大量存在。长期以来，由于投资主管部门对财政部门参与概算审查的职能持回避甚至拒绝态度，加之有关制度对财政评审的地位、评审报告的效力缺少强制性规定，财政部门一直未能按照部门职责分工真正参与财政基本建设投资项目概算审查过程，因此形成了投资主管部门定项目、财政部门根据概算被动地下达基本建设支出预算并拨付资金的局面。至于项目是否符合国家政策要求，安排是否恰当，投资额是否准确，财政部门却难以履行自身职责，只是名义上的核心预算部门；投资主管部门才是实质上的核心预算部门。在中央和有些省份，甚至将财政资金直接切块给投资主管部门独立支配，使政府预算无法对政府投资决策发挥实质性影响，仅承担资金供给之责，从而削弱了预算对政府投资的控制作用。

财政部《财政性投资基本建设项目工程概、预、决算审查若干规定》（财建〔2000〕43号）规定："评审机构报送的基本建设项目概算审查报告，经财政部门确认后出具的审查结论，作为项目工程预算（标底）审查及下达支出预算的依据。"据此，各级财政部门应充分发挥投资管理职能，尽快建立健全财政基本建设支出预算评审机制，落实预算审查管理职能，对拟投资项目是否符合国家投资方向、投资原则和投资政策，投资金额是否准确、合理等进行评审，发表是否将其列入基本建设支出预算，或是否对预算额度进行调整的意见，以对财政投资项目前期审查审批进行监督，增强财政部门在投资领域的发言权和决策权，使财政部门"参与项目安排"的职能落到实处，从根本上扭转财政部门在资金安排上仅能事后"亡羊补牢"，而不能事前"防患未然"的被动局面。

2. 财政专项支出项目预算评审机制

近年来，各级财政部门扎实推进部门预算编制改革，预算编制范围趋于完整，编制质量稳步提高，预算约束力明显增强，从目前情况看，部门预算编制的重点是支出预算，而支出预算的难点则是项目支出预算。由于受客观条件的制约，项目支出预算编制和审查方面还存在不少亟待改进之处。为此，要尽快建立项目支出预算评审机制，通过界定评审范围，明确评审程序，理顺财政内部关系等措施，对项目储备、项目申报、项目预算等各个环节进行严格审核，使财政评审成为预算审核的重要手段，成为政府预算管理的必要环节，最终实现财政评审服务部门预算管理的目标。目前，北京、浙江、河南、山东等许多省份已充分认识到项目支出预算评审的必要性和重要性，通过制定制度办法，将财政评审作为项目支出预算编制审核的必要手段，取得了明显成效。当然，建立财政专项支出项目预算评审机制，面临着评审工作量过于集中、时间紧张、人手少等现实困难。为克服上述困难，客观上还需要采取三项配套措施。

（1）加快推动项目库建设。财政部门要建立财政项目库，有关部门要建立部门项目库。部门项目库的建设，要统筹结合本部门、本行业规划，要有前瞻性和连续性。部门项目库中的项目，要有明确的项目目标、组织实施计划和科学合理的实施方案，项目初步设计和概算要经过充分研究论证，相关手续资料要齐全。部门向财政申报项目，原则上要从部门项目库中提取。财政部门对部门申报的项目，经过财政评审并商得部门同意后，根据事业发展需要和财力状况予以排序，列入财政项目库。申请列入部门预算的项目，原则上要从财政项目库中提取。项目库的建立，能够解决财政评审工作量过于集中的难题，还能够规范项目申报程序，提高项目质量。

（2）加快推动项目支出指标和支出标准体系建设。标准化是一种基本的现代化管理方法。建立财政项目支出指标和支出标准体系，是标准化理论的延伸和实践。财政评审机构应及时总结各类别项目的特征，通过对项目数据的归集、分类和整理加工，形成基础数据库，对带有共性的项目测算出较为准确的定量指标（定额），为核定项目支出预算提供技术依据，为财政决策提供信息，从根本上提高评审质量和效率。

（3）加快推动部门预算编制时间改革。对于各级政府来说，编制预算是一项十分重要的工作，理应留出充分的编制、审议时间。目前，我国预算编制时间安排方面存在的缺陷主要表现在：一方面，与西方发达国家相比，我国预算编制时间非常短，"两上"、"两下"这四道程序往往要在 3 ~ 4 个月内完成。这种制度下财政部门无法对每个项目进行审核和测算；另一方面，我国预算年度采用历年制，预算草案的审批要等到第一季度各级人代会召开才能进行。这样，预算年度的起始日先于法定审批日，造成部门预算获得批准并开始执行的时间滞后于预算年度起始日。预算编制时间紧张已成为我国各级财政部门共同面对的困难，也是制约项目支出预算评审工作开展的一大瓶颈。因此，我们也不妨借鉴西方国家的经验，将预算编制时间提前一年半进行，为包括财政评审在内的各环节留下充足的时间，切实提高预算的科学化、精细化水平。

（二）在政府采购方面，坚持"先评审、后招标"

围绕政府采购制度改革，切实做好政府采购预算评审工作。重点是要配合政府采购主管部门，通过建立规章制度，对工程采购项目规划设计方案、招标标底、施工图预算、工程量清单等进行评审，合理确定政府采购限价，逐步做到先评审后列入政府采购预算、先评审后招标采购、先评审后办理采购拨款和结算手续。

（三）在国库集中支付方面，坚持"先评审、后拨款"

对财政集中支付的项目，及时对项目实施和资金使用情况进行全过程跟踪问效评审，将评审结论提供给有关部门作为拨付资金的依据，确保财政资金的安全、高效。

（四）在竣工财务决算方面，坚持"先评审、后审批"

投资体制改革是一个长期的、逐步推进的过程，在这个过程中，有效的监管非常重要。财政评审要通过对财政投资项目竣工财务决算的审核，合理确定工程成本和各项费用支出。对擅自超标准、超规模、超概算形成的资金缺口，要及时提出处理建议，防止"项目马拉松、投资无底洞"现象的发生；通过评审，督促其将项目结余资金按规定收缴财政，从而完善项目事前、事中、事后监管程序，促进投资体制改革。

（五）在国有资产管理方面，坚持"先评审、后移交"

结合固定资产移交和产权登记工作，逐步建立固定资产移交评审机制。通过对有关国有资产的评审，促使项目单位依据固定资产移交资料和财政部门的竣工决算批复等，办理资产移交和产权登记手续。

（六）在项目绩效方面，坚持"先评审、后评价"

在整个财政支出绩效评价中，项目绩效评价是基础，做好项目绩效评价有利于积累经验，为建立行业绩效评价指标体系和评价标准奠定坚实的基础。因此，应先把项目绩效评价作为绩效评价的切入点和突破口，加大力度，积累经验。全国财政评审机构经过几年的发展，拥有了一大批具有注册造价工程师、注册咨询工程师、注册会计师等专业技术执业资格的人才，积累了较为丰富的项目评审经验和数据，完全可以在项目绩效评价领域发挥更大的作用。

由以上可以看出，"六先六后"的财政评审机制贯穿于项目预算管理的全过程，是预算管理的重要组成部分（详见图5-1）。

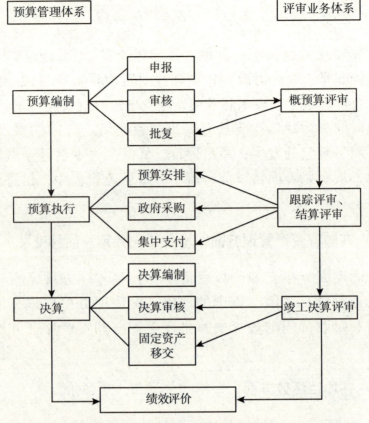

图5-1 "六先六后"财政评审机制和预算管理体系关系

三、打造"管理型"财政评审机构

1. 财政评审机构与社会中介机构相比的特征

公共财政框架下财政评审的技术管理职能是社会中介机构不可替代的,主要因为:(1)财政评审要围绕财政管理的需要开展工作,是履行财政职能的过程,代表政府对项目进行评价与审核,具有管理、鉴定、服务的功能,而社会中介机构对财政资金项目进行评审,具有明显的市场化特征,不具有法定职责,不具有管理的功能,只具有鉴定和服务的功能;(2)财政评审机构是财政部门的内设机构,其行使财政评审职能,代表的是公众利益的需要,不具有盈利性,而社会中介机构是市场竞争的主体,也是政府与市场连接的纽带,是以盈利为目的的机构；（3）财政评审具有宏观要求，以组织、协调、管理为主，虽然要考虑经济效益，但更多的还要考虑社会效益、综合效益和长远效益，而社会中介机构主要是针对微观项目开展，运用的一般是成本效益原则，不适宜办理行政管理性质的事务，只适宜办理技术咨询性质的事物。

虽然财政评审具有社会中介无法替代的职能，但是，按照市场经济的竞争原则，在财政评审的具体实施过程中，财政评审机构在保证项目评审质量的前提下，可以根据工作需要，通过政府购买公共服务方式，聘请社会中介机构的优秀技术力量协助开展财政评审工作。

2. 财政评审机构的"管理型"定位具有现实必然性

如果将财政评审机构定位为"业务型"机构，直接对全部项目评审具体业务亲力亲为，优点是可以节约大量的财政评审专项经费，缺点是需要配备大量的专业技术人员。在当前机关事业单位人员编制管理较为严格的情况下，这种做法基本没有可行性。

如果将财政评审机构定位为"管理型"机构，通过政府购买公共服务的方式，从社会上获取评审需要的专业技术力量，由财政评审机构人员牵头组织管理，聘请社会中介机构人员协助完成，财政评审机构人员主要负责评审的组织、协调、抽查、复审、管理工作，这样可以减少财政评审机构专职人员配备数量，提高项目评审效能。特别是随着近年来我国公共财政支出规模的稳步增长和财政评审范围的日益扩大，财政评审任务越来越多，技术要求越来越高，如果各项项目评审工作全部由财政评审机构独立完成，就目前各级财政评审机构的技术手段、专业结构、人员素质等方面而言，显然是杯水车薪难以胜任。在目前财政评审机构专业人员严重不足、评审人员专业水平参差不齐的情况下，以建立管理型财政评审机构为主，采取财政评审机构人员与社会中介机构人员相结合的方式开展评审工作，在切实加强组织管理、确保项目评审质量的情况下，不失为一条特别有效的路子。这种"管"、"干"结合的方式，与履行财政评审职能并不冲突，反而可以有效地提高项目评审质量和效率。但必须明确的是，财政评审机构是项目评审的唯一实施主体，对项目评审的质量负责，社会中介机构则对财政评审机构负责。

3. "管理型"财政评审机构的优势与不足

其主要优势在于：一是社会中介机构依据市场规则运作，可以接受财政部门和社会公众的监督，更能体现公平、公正和公开的原则，财政评审也因而更加客观中立；二是由于社会中介机构之间业务竞争比较激烈，业务经验比较丰富，评审成本相对较低，而且社会中介机构在市场竞争中发展了较长时间，其运作规则、技术手段等比较成熟，各方面专业技术人才也很齐全，能够胜任公共投资评审工作。

其不足之处在于：由于社会中介机构以经济利益最大化为经营目标，某些中介机构为了自身利益可能产生泄密动机，因此，对涉及政府机密的评审项目，应当由财政评审机构独立完成，或加大管理力度，切实杜绝社会中介机构泄密事件的发生。

四、推进"研究型"财政评审报告模式

对于财政评审而言，专业技术是支撑，制度政策是灵魂。一份内容丰富的财政评审报告，应当是一个有血有肉的研究报告，而不应该是干巴巴、硬邦邦的数字堆积。而这样的报告，要靠深入研究赋予评审报告以思想和灵魂，靠专业评审赋予调研以血肉精气，两者缺一不可，相得益彰。为此，各级财政评审机构要在现有传统的财政评审报告模式的基础上，探索建立"研究型"财政评审报告模式，把项目评审作为最有效、最直接的调查研究手段和过程，认真搜集、整理、分析、运用项目评审过程中的第一手信息资料，对每一个"重点"和"热点"项目、每一类资金，都要跳出数字看制度、看政策、看改革，成功实现"评审"、"调研"的一体化，要下大力气，撰写、提交出富有决策意义和影响力的"研究型评审报告"或"评审型研究报告"。

第三节　新型财政评审业务管理体系构想

财政评审按实施环节可划分为事前评审（概预算评审）、事中评审（跟踪评审和结算评审）和事后评审（竣工决算评审和绩效评价）。事前评审是为了摸清项目情况，从源头上合理控制，防患于未然；事中评审是为了对项目资料的真实性、合法性、准确性、完整性进行认真细致地审核、分析，及时发现并解决问题；事后评审是对项目竣工决算进行审查，对项目绩效情况进行评价，发现问题并分析原因，提出意见和对策建议。以上三个评审环节紧密相连，缺一不可（详见图5－2）。

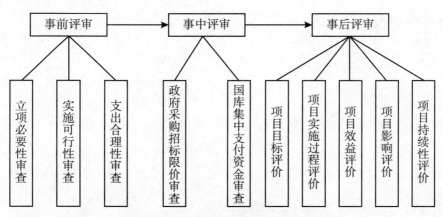

图5－2　财政评审业务管理体系

在实际工作中，一般把评审项目分为投资类项目、发展类项目和业务类项目三大类。

投资类项目是按照国家有关规定，通过财政性资金安排的用于购置固定资产、战略性和应急性储备、土地和无形资产，以及购建基础设施、大型修缮和财政支持企业更新改造等方面的项目。投资类项目原则上按照基本建设管理有关规定，先进行投资评审，再予以立项，最后核定具体数额。

发展类项目是指用来支持经济、社会事业等方面发展的专项支出、基金支出及其他有固定用途的支出项目。发展类项目原则上要先拟订发展规划，再评审论证，最后确定数额。对于该类项目，财政评审的程序一般是先对项目立项的必要性进行评审，将是否符合社会公共需要、国家大政方针、产业政策，是否符合地方发展规划或政府工作重点或其他相关部门审批标准作为审核其投资立项必要性的依据；项目实施的可行性评审，关键考察论证项目实施的技术可行性、经济可行性和社会效益可行性；最后，考察论证项目投资的合理性，通过相关的技术标准确定合理的财政投资数额。

业务类项目是指与预算申报部门业务活动紧密相关的印刷费、维修维护费、专用材料费、租赁费、会议费等公用支出项目和特定补助项目。业务类项目原则上按照相关规定核定其预算。

下面以财政部门负责管理的投资类项目为例，就其财政评审业务管理体系的创新模式予以探讨。

一、事前评审管理

事前评审也称为概预算评审，是指在被评审项目进入实质性实施阶段之前，对项目立项的必要性、实施的可行性和投资的合理性进行的评审。

（一）项目立项必要性评审

1. 评审目标

根据经济社会事业发展需要和项目申报部门的实际需求，审核论证项目立项的必要性。

2. 评审内容

对于财政性基本建设投资项目来说，立项的前提在于该项目是否需要投资建设或实施。因此，对财政评审而言，主要考察项目是否符合国家大政方针、产业政策，能否发挥地区的资源优势，是否具有技术先进性、配套性，以及对相关领域技术进步的推动作用和潜在的社会需求等，主要从宏观层面上分析项目立项的必要性，为投资决策服务。一般来说，需要回答下列问题：

（1）项目是否满足社会公共需要。公共财政的基本理论告诉我们，国民经济可以划分为"公"、"私"两大部门，分别由政府和市场两种机制来实现资源配置职能。一般地，政府满足公共需求，市场满足私人需求。财政投资是政府配置资源的方式之一，主要面向非经营性、非竞争性以及对国家经济发展有战略影响的项目，包括道路、桥梁等公共设施和基础设施；供水、供电等具有规模收益的自然垄断产业；航天、新能源、新材料等高风险、高技术产业；对经济和社会稳定有重大影响的农业等基础产业。这些项目往往具有公益性强、规模大、造价高、影响面广的特点。

（2）项目是否符合国家的大政方针及产业政策。国家的大政方针是从国家的整体利益和人民的根本利益出发，从国情出发，依照法定程序决定的对国家具有长远、战略意义的政策综合。产业政策是政府为了实现一定的经济和社会目标而对产业的形成和发展进行干预的各种政策的总和。产业政策包括产业组织政策、产业结构政策、产业技术政策和产业布局政策，以及其他对产业发展有重大影响的政策和法规。各类产业政策之间相互联系、相互交叉，形成一个有机的政策体系。评审时，应对比国家宏观经济和社会发展政策，对于国民经济和社会发展规划鼓励发展的建设项目以及产业序列靠前的投资项目，尽量给予支持；对于国家在既定时期内限制发展的项目，应严格控制；对于其中确实有前瞻性的项目，则在考虑投资成本和社会经济效益的情况下，向政府决策部门和人大财经委员会预算审查委员会实事求是地提出评审意见。

（3）项目是否能够创造社会效益。财政投资项目的实施应该有利于社会福利的增加。如果将财政投资项目对社会福利的边际贡献定义为该投资项目的社会效益，则可以说，有没有社会效益应该是衡量该投资项目立项是否具有必要性的基本依据。一个投资项目的社会效益是根据它对国家基本目标的贡献来定义的，而该项目的成本则是根据它对国家基本目标的负贡献（机会成本）来定义的。一个项目使用了某些资源，就有可能被迫舍弃其他的一些可替代项目。由此，国家也就失去了这个被迫放弃的可替代用途所能产生的社会效益。这一被迫放弃的社会效益就是该投资项目所用资源的机会成本。由于这些被迫放弃的社会效益也是根据被替代项目对国家基本目标的预期影响确定的，因而，投资项目的成本其实就是负的社会效益。

（4）项目是否符合当地发展规划或列为当地政府的工作重点。地方政府的经济社会发展规划，一般根据国家的大政方针、产业政策结合地方发展的特点而确定。从理论上看，地方政府具有"利益双重性"的特征，它在对上级政府负责的同时，也要为辖区内的居民服务。随着社会的发展进步，无论是出于政绩的考虑，还是出于自身发展的压力，都使得地方政府更加注重地方经济社会的发展。评审时将符合地方发展规划以及相应的政府工作重点的项目作为财政投资的优先考察范围。

（5）是否经政府有关部门审核批准。在评审过程中，国家、行业主管部门、财政部门和被评审项目所在地政府下发的与拟评审项目立项有关的批复文件或领导批示在一定程度上也是对项目投资必要性的肯定。在评审过程中，财政评审机构无需大包大揽、面面俱到，应该充分利用已有的有效证据，结合自身专业知识，得出全面的决策建议。

3. 评审指标体系

（1）社会公共需要相关度指标

①投资的必要性。该项指标用来分析某类投资项目是否属于社会公共需要的范围，以确定其是否具备财政投资的必要。

②公众认可度。公众是公共产品和服务的消费者，对于政府所提供的"产品"，公众的认可程度是最终的评价标准。该项内容可通过较大规模调查问卷的形式获得，用于分析公众对待建项目的认可程度。

（2）国民经济指标

①与宏观调控目标的一致性。国家宏观调控是根据不同的发展时期，运用政府政策手段对经济进行干预的形式。投资项目应符合特定时期的宏观调控要求。该指标用来分析项目符合国家宏观调控要求的

程度。可采用德尔菲法即专家背对背打分法取得的专家意见作为评审标准。

②与优化产业结构目标的一致性。该项指标用于分析项目对优化国民经济产业结构的促进作用，结合相关专家的评审意见作为评审标准。

③与提升产业素质目标的一致性。该项指标用于分析项目对提升产业素质的促进作用。可结合相关专家的评审意见作为评审标准。

（3）地方经济发展指标

①与地区比较优势的相关性。该指标要用来分析项目是否结合本地区的自然人文条件，能够凸显地方经济发展特色，及其对发挥地区优势的促进作用。

②与优化地区产业结构目标的相关性。该指标主要用来分析项目是否用于分析项目对地区产业结构的促进作用，以判断项目的建设对地区产业结构优化所产生的作用。

③社会福利预期提升程度。可用项目建成后的预期经济社会效益同未建项目时相比较，用于分析项目对地区福利水平的影响。

（4）相关部门审核指标

①项目审批部门意见。财政评审主要是对项目工程概、预、结、决算进行财政评审，侧重于在项目立项批复后的评审。

②政府部门意见。一项财政投资项目可能涉及三方，即项目业主、政府部门和社会中介机构。项目业主可以委托符合资质的工程咨询机构编制项目建议书、可行性研究报告、初步设计和项目概算。政府部门中的规划建设部门提出规划选址意见；国土资源部门提出用地预审意见；环保部门提出环境影响评价的审批意见；财政、行业主管部门就各自管辖内容提出意见。由此可见，财政投资项目是一项涉及各个方面的综合工作，财政评审是其中的重要一环。

项目立项必要性评审指标体系如图5-3所示。

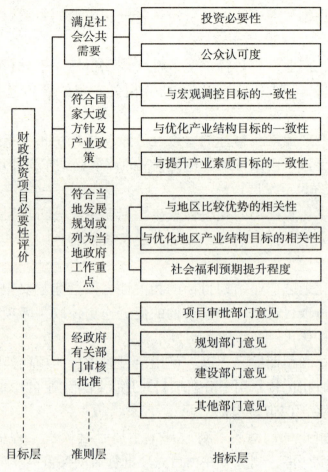

图 5 - 3 项目立项必要性评审指标体系

4. 项目立项必要性的评审标准

上述衡量项目必要性的内容表明，项目必要性很难通过一些量化指标来衡量，因此该项评审因素具有模糊性；又由于评审是根据明确的目的来测定对象的属性，并将这种属性表示为主观效用（满足主观欲望的程度）的行为，因此，应当将评审活动与模糊综合评价原理结合起来考虑。当然，根据评审结论对于项目的处理会有不同的结果，主要包括三个方面：一是项目被舍弃；二是项目等待以后处理（进入项目库）；三是进入下一步可行性评价程序。

判断项目立项是否具备必要性一般要看其是否符合下列四个标准：

（1）满足公共需求是财政投资的主要目的。从国家起源的"契约论"角度来说，政府为社会提供公共产品和公共服务同社会公众向政府纳税是一种等价交换关系。换句话说，社会公众向政府缴纳税收是以政府提供相应的公共产品和服务为前提的，二者之间是一种平等的交换关系。对这一关系的承认成为政府施政的主要依据。财政投资作为行使政府职能的一种工具，首先应该满足公众对公共产品和服务的要求，这是影响财政投资项目必要性的第一层次的因素。

（2）符合国家大政方针和产业政策是财政投资的必然要求。政府的宏观目标之一是考虑社会经济总量。从静态上看，人们希望现有的资源能够得到充分的利用；从动态上看，人们希望经济总量能够不断增长。从一定意义上看，宏观经济的稳定发展是实现公众利益的根本保障。而且，国家大政方针和产业政策的制定，是政府从国家和人民的根本利益出发所制定的具有战略性的长远发展规划，它的实施从根本上是同社会公众的利益密切相关的。因此，是否符合国家大政方针和产业政策是考察财政投资项目必要性的重要因素。

（3）符合地方政府发展规划是财政投资的现实要求。地方政府的发展规划是对国家大政方针和产业政策的传承和发展。在不影响上述前提之下，发展地方社会经济是地方政府的理性选择。但有时出于地方利益的考虑，地方对公共产品和服务的评价同全社会的评价不一致，会出现尽管符合地方的愿望和要求，但却未实现资源最优配置的情况。这就要求在进行财政投资评审时，要求结合中央与地方发展规划，详细测算项目的社会经济效益。

（4）有关部门的批复是财政投资可借鉴的依据。对财政投资项目评审不是财政评审机构所独有的功能；而且，从所需人力、物力及社会的需要上来看，这项工作也不可能由一个机构来完成。因此，其他相关部门的考核结果就成为财政评审的重要依据。当然，由于考核的角度、运用的专业技术、方法不同，可能会产生不同的分析结果。因此，财政评审机构在借鉴的基础上，还应以我为主进行评审，对评审中发现的而其他部门没有披露的重大问题，要在评审报告中进行对比说明，以体现财政评审的效果和特色。

5. 项目无必要性的衡量标准

项目的选择决策是综合考虑项目实施内外部环境的影响，根据现有的技术、资金、人员情况，运用一定的评价标准，在备选项目中找出最优的项目或项目组合的过程。由于每一个具体项目的实施是一次性的工作，项目的失误不可能在后续的重复操作中去纠正，无论从项目主管部门、实施单位或项目来说，所带来的损失（包括资金、人力、资源）都是巨大的。财政投资项目的正确选择，在短期内将直接影响到项目的成功立项，从长远看将关系到国民经济的发展与滞后。因此，对项目的取舍成为财政评审最关键的任务。

相对财政投资项目的优中选优而言，项目无必要性衡量标准要简单一些。显然，衡量项目必要性的四项内容之间是一种层递关系，而且其中每一项内容都可独立进行衡量。换句话说，如果项目符合所有要求，结果或者进入下一个评审程序，或者在项目众多的情况下优中选优。如果项目不符合其中的任何一条要求都将被视为缺乏必要性而被淘汰。

（二）项目实施可行性评审

可行性评审是投资项目建设前期工作的重要组成部分，是关系到投资项目成败的一项前期工作，是建设项目立项、决策的主要依据。这种评审以项目支出符合国家相关法律法规和政策规定为前提，对项目的设计方案、资金来源构成、财政承受能力，其他配套资金来源的可靠性，项目的社会效益、经济效益，项目的技术风险、财务风险及对环境产生的影响等内容进行可行性论证。可行性评审的目的，主要在于考察投资项目的可操作性。通过对项目投资的预算约束、技术要求、人员组织、制度保障等方面的考察，证明在当时的政治、经济、科学技术、社会条件下，在综合考虑其经济效益、社会效益、生态环境效益的情况下，财政对该项目的投资是切实可行的。

1. 评审内容

（1）技术可行性评审。

①建设条件与生产条件。即项目的建设施工条件能否满足项目正

常实施的需要，项目的生产条件能否满足正常生产经营活动的需要等。只有具备建设条件的拟建项目才能批准实施。

②技术先进性与可靠性。即项目的工程设计是否合理，项目所采用的工艺是否具备先进性、经济性、合理性和安全性，以及设备的选型是否合理等。技术指标是财政评审的重要内容。

③项目方案和标准。即项目有无备选方案比选，分析选定的方案是否经济、合理；工程地质、水文、气象、地震等自然条件对工程的影响和采取的治理措施；项目采用的标准是否符合国家有关规定，是否贯彻了勤俭节约的方针。

（2）项目经济可行性评审。对于盈利性的投资类项目，建成投产以后能够上缴多少利税，是否会产生预期的经济效益或社会效益，这是评审项目优劣的核心标准。对项目产品市场需求的分析是准确预测项目经济效益的基础，因此，首先应当在必要性评审与市场需求分析的基础上，通过对项目产品的市场现状、竞争性以及未来发展趋势详细研究，结合项目的具体情况，确定项目的最佳生产规模，以期获得最佳的经济效益和社会效益。此外，从投资者（包括债权人）、企业或项目的角度，根据搜集和估算出的财务数据，以财务价格为基础，编制有关财务表格，计算相应的技术经济指标，据以判断项目的财务赢利能力和清偿能力。

（3）项目环境可行性评审。从可持续发展的概念出发，投资项目的生态环境经济评价应注重经济效益、社会效益和生态环境效益的统一。既要有利于经济效益的实现，又要注重资源的合理开发和利用，以利于人类社会的可持续发展。主要包括：

①项目生态环境经济评审。应从整个社会的生产力布局需要出发，根据投资项目需要，对与项目相关的自然资源数量、质量、分布状况、地区状况、开发利用条件等进行技术经济评价，论证和确认投资项目规模和应用先进技术开发利用生态环境资源的可能性、可行性和经济合理性。一般性投资项目生态环境经济评审期限为 10～20 年，对于生态环境效益影响较大的、与投资项目密切相关的生态环境经济评审期限就应该更长。

②技术性评审。对与投资项目相关的自然资源的开发利用方式、措施、可行性及其变动趋势，运用定性分析和定量分析相结合的方法进行综合评价和审核，促使投资项目实现技术效益与经济效益、社会效益和环境效益的协调与统一。

③污染治理评审。要分析并预计投资项目在建成投产后的生产过程中污染治理技术是否科学可靠，环保资金能否得到保证，能否保证做到污染治理工程与投资项目主体工程同时建成并投入使用，保证污染在一开始就能得到控制和治理，尽可能地把投资项目的环境污染控制在不对生态环境造成危害的程度上。

（4）项目社会效益评审。

①项目社会影响分析。预测项目可能产生的正面影响和负面影响，包括项目对所在地居民就业的影响、文化教育、卫生的影响；对所在地区不同利益群体的影响、对当地基础设施、社会服务容量和城市化进程等的影响；项目对所在地区少数民族风俗习惯和宗教的影响。

②项目与所在地区互适性分析。主要分析预测项目能否为当地的社会环境、人文条件所接纳，以及当地政府、居民支持项目存在与发展的程度，考察项目与当地社会环境的相互适应关系。分析预测与项目直接相关的各利益群体对项目建设和运营的态度以及参与程度，选择可以促使项目成功的利益群体的参与方式，对可能阻碍项目存在与发展的因素提出防范措施；分析项目所在地区的各级组织对项目建设和运营的态度，可能在哪些方面、多大程度上对项目予以支持和配合，需要由当地提供交通、电力、通信、供水等基础设施条件，粮食、蔬菜、肉类等生活供应条件，医疗、教育等社会福利条件的，当地能否提供。分析项目所在地区现有的技术、文化状况能否适应项目的建设和发展。对那些主要为发展地方经济、改善当地居民生产生活条件兴建的水利项目、公路交通项目、扶贫项目，应分析当地居民的教育水平能否适应要求的技术条件，能否保证实现项目既定目标。通过项目与所在地互适性分析，就当地社会对项目的适应性和可接受程度做出评价。

③社会风险分析。对可能影响项目的各种社会因素进行识别和排

序。选择影响面大、持续时间长，并容易导致较大矛盾的社会因素进行预测，分析可能出现这种风险的社会环境和条件。对于那些可能诱发民族矛盾、宗教矛盾的项目尤其要注重这方面的分析，并提出防范措施。通过分析社会风险因素，对项目可能带来的社会风险做出评价。

（5）误差分析。项目财务经济效益评估和国民经济效益评估所使用的数据大多是通过某种途径预测估算出来的，不可能有百分之百的精确度。因此，当项目的财务经济效益评估和国民经济效益评估合格以后，还必须考虑所使用数据的误差问题。仔细分析在合理误差范围内，项目保持可行性的概率，确定项目的抗风险性。

（6）项目不确定性分析。不确定性分析包括敏感性分析、盈亏平衡分析和概率分析。盈亏平衡分析只用于财务评价，敏感性分析和概率分析可同时用于财务评价和国民经济评价。

①敏感性分析。通过分析、预测项目主要因素发生变化时对经济评价指标的影响，从中找出敏感因素，并确定其影响程度。在项目计算期内可能发生变化的因素有产品产量、产品价格、产品成本或主要原材料与动力价格、固定资产投资、建设工期及汇率等。敏感性分析通常是分析这些因素单独变化或多因素变化对内部收益率的影响。必要时也可分析对静态投资回收期和借款偿还期的影响。项目对某种因素的敏感程度可以表示为该因素按一定比例变化时引起评价指标变动的幅度，也可以表示为评价指标达到临界点时允许某个因素变化的最大幅度，即极限变化，为求此极限，可绘制敏感分析图。

②盈亏平衡分析。这是通过盈亏平衡点（BEP）分析项目成本与收益的平衡关系的一种方法。盈亏平衡点通常是根据正常生产年份的产品产量或销售量、可变成本、固定成本、产品价格和销售税金及附加等数据计算，用生产能力利用率或产量表示。盈亏平衡点越低，表明项目适应市场变化的能力越大，抗风险能力越强。

③概率分析。这是使用概率研究预测各种不确定性因素和风险因素的发生对项目评价指标影响的一种定量分析方法。一般是计算项目净现值的期望值及净现值大于或等于零时的累计概率。累计概率值越大，说明项目承担的风险越小。也可以通过模拟法测算项目评价指标

的概率分布。根据项目特点和实际需要，有条件时应进行概率分析。

需要特别说明的是，可行性评审是一项政策性、技术性和经济性很强的综合研究工作。为保证它的科学性、客观性和公正性，必须坚持实事求是，在调查研究的基础上，进行方案分析和比较，按客观实际情况进行论证评价，防止主观臆断和行政干预；切忌事先定调子、划框框，为"可行"而"研究"，作为争投资、争"项目"、列计划的"通行证"，使可行性研究流于形式。

可行性评审内容涉及面广，资料收集量大，内容深度要求高；同时，它又是起决策作用的基本文件。因此，为保证评审质量，可行性研究报告应由实际经验丰富、技术力量雄厚、经国家或总公司正式批准颁发证书的设计单位或工程咨询公司承担。可行性研究报告应有编制单位的行政、技术、经济负责人签字，并对该报告的质量负责。若发现工作中有弄虚作假时，要追究有关负责人的责任。

2. 评审指标体系

项目可行性评审要采用定量分析与定性分析相结合的方法进行，尽量采取定量分析方法，对于定性分析方法应聘请权威机构和相关专家进行指标选取和分析评价。评审指标分为定量指标和定性指标。定量指标包括一般性指标和个性指标。一般性指标包括社会效益指标、财务效益指标等被广泛应用在公共支出项目的指标。个性指标是一般性指标未列入、结合投资项目不同特点和具体目标而设置的特定指标。定性指标无法通过数量计算分析评价内容，而采取对评价对象进行客观描述和分析来反映评价结果的指标。

（1）经济效益指标。

①净现值（现金净流量）：是按指定的社会折现率将项目建设和生产服务年限内各年的净现金流量折算到基准年的现值之和，反映项目在整个寿命期内的获利能力。

②净现值率（现值指数）。财务净现值率就是项目财务净现值与项目总投资现值之比，表示项目单位投资现值能够获得净收益现值的能力。

③内部收益率（*IRR*）。又称财务内部报酬率或预期收益率，是在

项目寿命期内逐年累计的经济效益流量的现值等于零时的折现率，即项目的最大投资收益率。它表示了项目确切的获利率，是项目投资决策的重要依据。用内部收益率这一指标对项目获利能力进行分析，要以财务净现值为基础，是财务净现值分析的继续。

④投资回收期：是以项目的净收益抵偿全部投资（固定资产投资、投资方向调节税和流动资金）所需要的时间。它是考察项目在财务上的投资回收能力的主要静态评价指标。投资回收期（以年表示）一般从建设开始年算起，如果从投产年算起时，应予以注明。

⑤投资利润率：是项目达到设计生产能力后的一个正常生产年份的年利润总额与项目总投资的比重，它是考察项目单位投资盈利能力的静态指标。对生产期内各年的利润总额变化幅度较大的项目，应计算生产期年平均利润总额与项目总投资的比重。

在财务评价中，将投资利润率与行业平均投资利润率相比，以判别项目单位投资盈利能力是否达到本行业的平均水平。

⑥投资利税率：是项目达到设计生产能力后的一个正常年份的年利税总额或项目生产期内的平均利润总额与项目总投资的比率。在财务评价中，将投资利税率与行业平均投资利税率相比，以判别单位投资对国家积累的贡献水平是否达到本行业的平均水平。

⑦资本金利润率：是项目达到设计生产能力后的一个正常年份的年利润总额或项目生产期内的年平均利润总额与资本金的比率，反映投入项目的资本金的盈利能力。

⑧项目清偿能力：计算期内各年的财务状况和偿债能力，用资产负债率、流动比率、速动比率等指标表示。

（2）生态效益指标。全面反映项目实施对环境的影响及其后果，促进投资项目对环境的重视。

①环境质量指标。考核项目对环境治理的效益与影响，分析评估由于项目实施对环境影响的后果及由此引发的社会问题。

环境质量指数法是目前国际上较为常用的环境质量评价方法。将该方法用于分析财政投资的环境效益的原理是：以国家或地方政府规定的环境标准为依据，将受投资项目影响的各项环境因子与国家或地方规定的标准环境因子进行比较，从而全面反映财政投资活动对环境影响的效果。

②环境改善指标。指由于项目上马引起地方环境改善所带来的效益，如减少土壤流失可以保持甚至增加土地农产品的产量，总的效益就可用农产品的增产量乘以农产品的市场价格来计算。

③自然资源消耗与节约指标。自然资源一般是指国家的土地资源、矿产资源、生物资源与海洋资源等直接从自然界获得的物质资源，它也是投资项目的重要物资来源。为实现我国保护和节约自然资源并合理开发与综合利用自然资源的目标，需设置节能指标，具体包括项目综合能耗、耕地和水资源节约情况等指标。

（3）社会效益指标。

①就业效益：是指项目建成后给社会创造的新的就业机会。一般用单位投资所提供的就业人数多少来衡量，也可利用提供每个就业机会所需投资的多少来衡量。

②分配效益：根据项目国民经济评估的收入分配目标，需对项目建成后的国民收入净增值进行合理分配。主要有三种分配指标：

社会机构分配效益：表示项目国民收入净增值在社会各阶层、集团和社会成员之间的分配情况。一般采用分配指数，即采用各阶层所获收入占项目年度国民收入净增值的比重来表示。

地区分配效益：是指项目所得的国民收入净增值在各个地区之间的分配情况，也就是项目的净增值能分配给其所在地区的份额。一般用项目在正常生产年份支付给当地工人工资、当地企业利润、当地政府税收和地区福利收入等增值与项目年度国民收入净增值之比来表示。

国内外分配效益：对于涉外项目，应检验建设项目所获得的国内净增值在国内与国外之间的分配比重，要考虑国外投资者分得的收益与国内所得国民收入净增值之间的合理比例。

（4）项目风险分析。

①风险分析的内容。主要包括风险发生的概率和相应的损失。风险发生的概率一般采用专家调查法获得；风险损失则根据不同的风险类型，有些可用专业领域的相关模型获得，有些则通过专家调查法获

得。影响公共投资建设项目决策质量的非技术性风险较多，作用机理十分复杂，许多风险因素的历史资料难以统计、难以获得。而且，公共投资建设项目具有一次性特点，某些风险仅出现一次，无法做长期观测。因此，能够获得的风险信息或残缺不全，或精度不够同，或代表性不强，即在一定程度上具有随机性、模糊性、灰色性，难以用确定性分布参数模型来研究问题，因而主要依靠富有经验的专家的主观判断，采用专家调查问卷法估计风险因素。

②风险分析指标。主要包括体制风险、社会风险、市场风险、环境风险、人员风险、财务风险、技术风险和管理风险等。

（三）项目投资合理性评审

投资的合理性评审是在不影响工程进度、工程质量、安全施工的条件下，通过对项目支出内容、额度和标准，项目开支与项目内容相关程度等方面的论证，将项目投资控制在与项目本身相吻合的投资范围内。如何有效、合理地确定项目投资，使各种资源得到充分而合理的利用，使有限的投资获得理想的经济效益和社会效益，是各级财政评审机构面临的一个重要而又迫切需要解决的问题。

1. 评审内容

通过对项目投资概预算的合理性进行评审，准确确定项目投资额，对有效控制项目成本、实现投资者预期的投资效果有着重大影响。有研究表明，在项目的设计阶段，投资评审对建设项目投资产生影响的可能性达 75% ~ 80%；在施工图阶段，产生影响的可能性降为 25% ~ 30%；而施工阶段对项目投资可能性的影响仅有 10% 左右。由此看来，控制项目投资的关键在于项目设计阶段对各项成本费用的审核。实际上，项目建设开始以后，所采取的控制措施并不能控制项目投资，只能控制施工中可能新增的工程费用。实际项目投资多少，在项目设计阶段就已经确定了。对于这一结论，还可以用图 5 - 4 中的"成本决定曲线"来说明：项目策划设计阶段决定了项目生命周期 80% 左右的费用，因为在这一阶段已经决定了项目的规模、标准、产量等主要影响因素，其他阶段只能影响项目全寿命周期费用的 20%。因此，项目设计阶段各相关因素的理性预期直接决定了项目投资的合理程度。根据我国现行"前段控制后段"（即估算控制概算、概算控制预算、预算控制决算）的模式，在前期工作（事前控制）相对定型的前提下，做好预算编制即事中控制显得尤为重要。

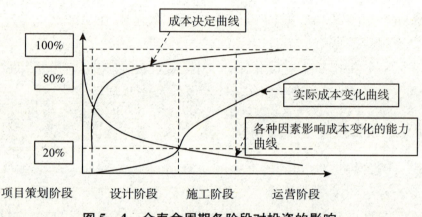

成本决定曲线

实际成本变化曲线

各种因素影响成本变化的能力曲线

项目策划阶段　　设计阶段　　施工阶段　　运营阶段

图 5 - 4　全寿命周期各阶段对投资的影响

2. 评审指标体系

（1）技术合理性评价指标。对技术的合理性评价主要从以下三个方面设计指标：

①工艺、技术、设备选取的合理程度。该项指标用于分析项目采用的工艺、技术、设备是否符合国家的技术发展政策和技术进步装备政策，是否先进、适用、可靠，是否有利于资源的综合利用，有利于提高产品质量，降低能源消耗，提高劳动生产率。主要通过行业专家评定给指标赋值。

②新工艺、新技术、新设备的可靠程度。投资项目中对新技术、新工艺、新设备的采用，一定程度上决定了项目的投资规模。其可靠程度不仅影响到项目能否实现预定建设目标，而且成为增加或减少项目成本或效益的不确定因素。该项指标用于分析项目所采用的新工艺、新技术、新设备是否安全可靠，是否经过工业试验和技术鉴定，主要通过行业专家评定给指标赋值。

③引进技术的合理程度。通过引进技术后项目所产生的经济效益

和社会效益与引进前相比较，可以采用绝对数指标或相对数指标表示。该项指标分析引进技术和设备有无必要，是否符合国家有关规定和国情，是否与国内设备、配件、工艺技术相配套，引进的专利技术是否相配套，引进的专利技术是否有失效的专利或不属于专利的技术。

（2）项目标准合理性评价指标。

①项目自然条件影响程度。该项指标分析地质、水文、气象、地震等自然条件对项目的影响以及采取治理措施的合理性是否经济有效。

②项目标准的经济性。该项指标分析项目采用的标准是否符合国家的有关规定，是否贯彻了勤俭节约的方针。

（3）经济核算合理性。

①计算依据的合规性。分析项目投资额估算的依据是否符合国家或地区有关规定，工程内容和费用是否齐全，有无高估冒算、任意扩大收费范围和提高标准，以及有无漏项、少算、降低造价等情况。

②投资构成合理性。分析投资构成比例是否合理，有无配套资金保障项目的顺利运行。

③成本费用合理性。对此越来越多的国家政府开始采用费用—效益分析方法。它是基于折现的效益和费用量的值大小来评价公共部门（或非营利部门）资源配置效率的一种方法。该方法的关键在于效益（包括产出效益、回收固定资产余值、回收流动资金、项目外部效益）与费用（包括固定资产投资、流动资金、经营费用、项目外部费用）的界定与量化。因此，可以使用支付意愿与消费者剩余、影子价格等理论进行量化计算。对于外部效果，首先可以计算出实物指标，如噪音指数等，第二步是设法估计这些指标的货币价值（量化为项目外部效益与项目外部费用）。该项指标可用来分析可行性研究报告中各项成本费用计算是否正确，是否符合国家有关成本管理的标准和规定。

（4）建设周期合理性。分析可行性研究报告中对项目建设期、投产期、生产期等年限的确定，是否符合国家有关规定和一般规律，是否符合行业、产业的特点。

综上所述，投资合理性评审指标体系如图5-5所示。

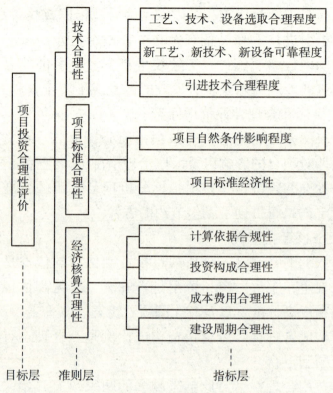

图 5 – 5　项目投资合理性评审指标体系

3. 项目投资合理性的衡量标准

（1）项目的价值衡量。衡量项目的价值除了考虑时间、质量、成本这些因素，还要从项目产品的效用、经营效益和项目的整体表现（包括外部效果）等因素来进行评价，即应该是从广义价值的角度来考虑。投资项目的价值并不是一个一成不变的概念。如建筑产品在规划阶段将价值因素转化为设计因素时一般要考虑多个价值因素：人文因素、环境因素、文化因素、技术因素、时间因素、经济因素、美学因素和安全因素等；住宅的价值要考虑可居住性、可持续性、可适应性等因素；市政道路工程的价值则通过技术可靠性、用户满意度、环境协调性等因素来衡量。这些因素有些可以量化，有些不能量化，项目价值评价的标准也是随着社会经济的发展而发生变化。

结合建设工程项目的具体特点，从项目成功的角度出发，我们认为：建设工程项目价值在于以最优的资源配置满足项目利益相关者的需求。最优的资源配置不仅仅意味着最低的成本；影响建设工程项目最终成功与否的资源约束很多，各种有形资源（如资金、工期、技术、设备等）和无形资源（如知识、情绪、协调、政府支持等）都会在一定程度上影响项目的成功完成。另外，建设工程项目的价值关注的不仅仅是业主或者用户某一方的利益，而是关注那些对项目及项目运营环境的成功具有既定利益，且对成功的产出具有影响的个人或者一群人。能够充分利用各种可得资源实现各类项目利益相关者需求的项目方可为有价值的项目。

价值管理的核心是进行价值分析，也有学者称为项目的经济评价。财务分析和经济分析主要从微观层面分析政府投资项目的经济效果。但大型的政府投资项目，有必要从宏观政策层面进行分析，既可以分析项目对宏观经济的影响，也可分析相关利益主体的效益与费用（价值）分配，以考察项目对政府和社会的其他目标（如公平分配）的实现或影响程度。这种分析体现了人文观点，分析项目的受益者和受损者，可以有效地调动人们参与项目的积极性。

（2）概预算定额的合理性。为使各项指标更贴近科学技术发展的实际情况，概预算定额管理部门应根据科学技术发展状况及时修订、补充相关定额单价和指标，在考虑定额稳定性前提下尽量缩短使用年限，避免系数调整法准确度不高的弊端。

二、事中评审管理

事中评审也称为跟踪评审，是指按照国家有关规定，对项目的经济事项及其运行过程中发生的各类行为的合法性、合规性进行审查，从而保障经济事项在预定轨道中正常运行的一种经济管理活动。实践中，跟踪评审应与政府采购和国库集中支付紧密结合。

（一）财政评审与政府采购相结合

我国《政府采购法》规定："政府采购，是指各级国家机关、事业单位和团体组织，使用财政性资金采购依法制定的集中采购目录以内的或者采购限额标准以上的货物、工程和服务的行为。"由此看来，项目是政府采购的重要内容之一。该法自 2003 年 1 月 1 日实施以来，政府采购制度开始在全国范围内推行，目前已取得了重大进展。但是，从全国情况看，许多地方的财政评审机构未能对项目的招标文件、合同等进行评审。

为促进政府采购的进一步发展与完善，财政评审应在以下方面加大参与政府采购的力度：

1. 招标文件评审

在政府采购活动开始之前，财政评审机构应认真审核招标文件的合理性和合规性，确保政府采购结果的客观公正。《招投标法》规定，所有部门一律不得强迫审查投标人的标底。那么，财政评审机构审查财政性资金投资项目的工程量清单，是否违反这项规定呢？我们认为并不违反。因为财政投资项目的招标方是各级政府，财政部门代表政府行使出资人的权利，是大业主、大招标人，自然不违法。

2. 项目合同评审

项目合同签订是对政府采购结果的具体落实和执行，也是当前财政性资金投资项目管理最为薄弱的环节之一。对于财政部门来讲，项目合同管理实质上是对项目（含材料、设备等）招标结果的确认和落实，是对项目造价的合理确定和有效控制。合同签订前，财政评审机构要根据项目招投标情况，充分利用所掌握的国家政策、专业知识和价格信息资料等，搞好项目合同签订前的合法、合规和合理性审查，规避设备、材料价格变动风险，并对可能发生的变更部分的计价方式进行明确约定，及时对不合理、不合法、不明确的条款予以纠正，尽可能避免合同纠纷或索赔事项的发生。

3. 项目签证评审

项目实施过程中，合同约定以外的投资额增减变化较大的事项，如设计变更、隐蔽工程签证、非招标材料设备价格的确定等事项，也应当由财政评审机构进行全过程跟踪评审，确保结算、决算资料真实完整。

（二）财政评审与国库集中支付制度相结合

提高资金效率是加强国库集中支付制度的重要环节，而财政评审与国库集中支付相结合，能够有效加强对资金的管理，使财政部门对项目进展情况心中有数，合理控制项目资金的流量与流向，提高项目预算执行和国库支付工作的准确性，从而保证财政资金的安全高效。

1. 财政评审对于国库集中支付管理的意义

为加强项目资金管理，有效控制项目高估冒算、超概算等问题，对项目资金实行国库集中支付很有必要。但是，项目资金与其他财政资金相比，支付对象多而且分散，有施工总承包单位、各专业分包单位、各类材料设备供货商、监理、设计、勘察、招标代理、论证咨询、行政事业性收费征收单位，等等，技术性强，工作量繁重，迫切需要建立项目资金集中支付评审机制。在项目日常管理工作中，对项目管理单位的拨款需求，由财政评审机构先进行审核。财政评审机构通过勘察项目现场，查看有关资料，对项目实施过程进行评审，及时制止不合理变更洽商或协议的发生，为按计划、按合同、按进度拨付项目资金提供真实准确的信息，避免资金超拨或欠拨现象的发生，确保每笔支出的真实、准确、合理、安全，减少国库集中支付的风险，使国库集中支付工作做到有理、有据，更好地发挥集中支付制度的优势。项目竣工后，项目单位要将项目决算报财政评审机构审查，审查结果要作为财政部门拨付款项、下达批复的依据。

2. 国库集中支付管理中财政评审的内容

（1）资金支付是否符合项目的实施进度；

（2）资金支付是否符合有关法律法规规定；

（3）资金支付是否符合有关合同约定；

（4）资金支付的对象是否真实准确；

（5）资金支付的额度是否在批准的概预算额度以内；

（6）项目是否按规定进行了招投标；

（7）项目实施质量是否符合有关规定；

（8）项目实施是否存在违法违规违纪行为。

三、事后评审管理

事后评审是指运用科学、规范的方法，对照统一的评价标准，对财政支出行为的过程及其效果进行的分析、评价和报告，以提高政府管理效率、资金使用效益和公共服务水平，具体包括项目竣工财务决算评审和绩效评价两个基本方面。

（一）项目竣工财务决算评审

项目竣工财务决算评审是指项目正式竣工验收前，依法对项目竣工财务决算的真实性、准确性和合法性进行审核评定。主要包括对项目建筑安装工程投资、设备投资、待摊投资和其他投资完成情况，项目建设程序、组织管理、资金来源和资金使用情况、财务管理及会计核算情况、概（预）算执行情况和竣工财务决算报表的评审，其目的是保障财政资金合理、合法、合规使用，正确评价投资效益，促进总结项目实施经验，提高项目管理水平。

当项目工程竣工结算已经完成、竣工财务决算报表已经编制完成之后，并且已经具备交付使用条件后，就应当对竣工决算进行评审。项目竣工财务决算报表应由项目实施单位编制，或委托其他单位代为编制。只有通过竣工财务决算评审的项目才可以确定建设项目的最终造价，考核项目实施成果，并作为办理资产交付使用手续的依据。

1. 竣工财务决算评审的主要内容

（1）项目实施程序评审。根据财政部《财政投资项目评审操作规程》要求，建设项目竣工财务决算评审，首先应该进行项目建设程序的评审，主要包括对项目立项、可行性研究报告、初步设计等程序性内容的审批情况进行评审。若已按本规程相关规定对项目预算进行了评审，对竣工财务决算评审时，则仅对其调整部分进行评审。

（2）项目组织管理情况评审。主要审查项目建设是否符合项目法人责任制、招标投标制、合同管理制和工程建设监理制等基本建设管理制度的要求；项目是否办理开工许可证；项目施工单位资质是否与工程类别以及工程要求的资质等级相适应；项目施工单位的施工组织设计方案是否合理等。

（3）项目资金到位和使用情况评审。具体包括：各项资金的到位情况，是否与工程建设进度相适应，项目资本金是否到位并由中国注册会计师验资出具验资报告；资金使用及管理是否存在截留、挤占、挪用、转移等问题；实行政府采购和国库集中支付的项目，是否按政府采购和国库集中支付的有关规定进行招标和资金支付；有基建收入或结余资金的项目，其收入或结余资金是否按照财务制度规定进行处理；竣工财务决算日资金账户实际资金余额。

（4）建筑安装工程投资评审。具体包括：建安工程投资各单项工程的结算是否正确；建安工程投资各单项工程和单位工程的明细核算是否符合要求；各预付工程款、预付备料款、库存材料、应付工程款等及其明细科目的组成内容是否真实、准确、完整；工程结算是否取得合法的发票，是否按合同规定预留了质量保证金；项目单位是否编制有关工程款的支付计划并严格执行（已招标的项目是否按合同支付工程款）；预付工程款和预付备料款的抵扣是否准确（项目竣工后预付工程款和预付备料款应无余额）；项目建设单位代垫款项是否在工程结算中扣回。

（5）设备投资评审。

①设备采购过程评审。主要包括：项目单位对设备的采购是否有相应的控制制度并遵照执行，限额以上设备的采购是否进行招投标，设备采购的品种、规格是否与初步设计相符合，是否存在增加数量、提高标准现象，设备入库、保管、出库是否建立相应的内部管理制度并遵照执行。

②设备采购成本和各项费用的评审。主要包括：设备的购买价、运杂费和采购保管费是否按规定计入成本，设备采购、安装调试过程中所发生的各项费用是否包括在设备采购合同内，进口设备各项费用是否列入设备购置成本等。

③设备投资支出核算的评审。主要包括：设备投资支出是否按单项工程和设备的类别、品名、规格等进行明细核算，与设备投资支出

相关的内容如器材采购、采购保管费、库存设备、库存材料、材料成本差异、委托加工器材等核算是否遵循基本建设财务会计制度，列入房屋建筑物的附属设备，如暖气、通风、卫生、照明、煤气等建设，是否已按规定列入建筑安装工程投资。

（6）待摊投资、其他投资等支出评审。

①各项费用列支是否属于本项目开支范围，费用是否按规定标准控制，取得的支出凭证是否合规。

②房屋购置、基本禽畜、林木等购置、饲养、培育支出以及取得各种无形资产和递延资产发生的支出是否合理、合规，是否属于概算范围，是否在建设规模之内，入账凭证是否真实、合法。

③交付使用资产的成本计算是否正确，交付使用资产是否符合条件。

④转出投资、待核销基建支出的转销是否合理、合规，转出投资和待核销基建支出的成本计算是否正确。

⑤收尾工程是否属于已批准的工程内容，预留费用是否真实。经审查的收尾工程，可按预算价或合同价，同时考虑合理的变更因素或预计变更因素后，列入竣工决算。

（7）项目财务管理及会计核算情况评审：项目财务管理和会计核算是否按基建财务及会计制度执行；会计账簿、科目及账户的设置是否符合规定；项目建设中的材料、设备采购等手续是否齐全，记录是否完整；资金使用、费用列支等是否符合有关规定。

（8）竣工财务决算报表的评审：竣工财务决算报表的编制依据和方法是否符合国家有关基本建设财务管理的规定；竣工财务决算报表所列有关数字是否齐全、完整、真实，勾稽关系是否正确；竣工财务决算说明书编制是否真实、客观，内容是否完整。

（9）项目预（概）算执行情况的评审：项目投资规模、生产能力、设计标准、建设用地、建筑面积、主要设备、配套工程、设计定员等是否与批准概算相一致；项目各子项预（概）算额度有无相互调剂使用，各项开支是否符合标准；子项工程有无扩大规模、提高建设标准；有无计划外项目；建设项目追加概算的过程、原因及其合规性和真实性。

2. 竣工财务决算评审的基本步骤

竣工财务决算评审的前提是竣工财务决算已经编制完成。但有的项目在交付使用很长时间后才做竣工财务决算，在这个过程中，项目建设的临时机构照常运转，能够解决的工程结算悬而不结，各项费用照常发生，或将生产期成本列入建设期成本。如果任由项目单位以竣工财务决算未编制为由不进行决算评审，等建设项目把财政资金、消耗殆尽以后再去追究有关责任，就会失去竣工财务决算评审的真正意义。因此，只要项目建设内容全部完成，甲乙双方已经办理工程结算，财政评审机构就可以要求建设单位封账，竣工财务决算评审就可以按以下步骤正常进行。

（1）收集与建设项目竣工财务决算评审相关的资料。在进行建设项目竣工财务决算评审前，应多方收集各种相关资料和文件，如工程项目批准建设、监理、质量验收等有关文件；概算资料及招投标文件、合同、协议；工程量计算书；付款资料；有关证照；工程竣工图；竣工财务决算报表；竣工财务决算说明书；工程监理报告；竣工验收证明；主要材料、设备发票；工程项目点交清单等。登记资料清单，将其中的重要资料装订成册，并制作已提供资料和未提供资料清单。

一般来说，概算调整要在项目建设初期进行。允许进行概算调整的情况主要有以下几种：一是原批概算实施的条件已经不具备，需要重新确定概算，如项目实施主体和主要建设内容发生变化，建设时间较原批概算跨度过长等；二是重大设计漏项或工程地质条件发生变化，较原批概算有较大出入的；三是国家重大政策调整，导致原批概算已经严重不足，如物价或汇率的剧烈变动，造成某项费用变化较大，项目难以按设计实施等。除此以外的概算调整都是不允许的，竣工财务决算评审时不予认可。

项目建设内容以最后一次批复的调整概算为准。一般情况下，小型项目分部分项工程不得调整。大中型项目允许分部分项工程进行调整，但应以发生不可预见的重大漏项或其他不可抗力因素为主。除此之外，原则上不得增加新的建设内容，不得用结余资金新增建设内容。

如果因结余资金新增的建设内容而影响决算编制工作的，财政部门应该及时通知建设项目主管部门，要求建设单位按照国家有关规定及时编制竣工财务决算，用结余资金调整的新增子项不得列入项目决算。

（2）全面筛选工程造价结算资料，确定评审重点。正确选择抽查资料，既要突出重点，又要全面掌握建设项目计划、概算执行情况和建设项目投资效果，这是做好财政评审工作的关键。在评审过程中，首先要把相关资料全部筛选一遍，形成对工程项目的整体性认识。在分析筛选时，要将建筑安装工程费、设备工器具费和其他工程费用逐一与竣工决算表所提供的实际数据、相关资料及批准的概算、预算指标进行对比分析，以确定竣工项目总造价，并对其节约或超支情况做出判定。

（3）深入现场，核实结算资料工程量和施工疑点。

（4）审查项目立项、工程可行性研究、概算、工程勘察、设计、开工等程序是否真实、合规；审查工程招投标程序是否合法合规，检查其各种手续是否齐全、程序是否完整、资料是否有效；审查与勘察、设计、工程中标、工程监理、采购、供货等签订的合同及相关补充协议是否合法合规，其付款方式、时间是否遵守合同条款；审查出具的施工报告书、工程监理报告书以及建设单位验收报告书；重点审查工程决算单位出具的工程造价决算书。

（5）审查项目建设及概算执行情况。竣工工程概况表的内容包括占地面积、建设起止时间、新增生产能力、设计概算批准文号、完成主要工程量、基建支出、收尾工程等。应核实各种资金渠道投入的实际金额；查明资金不到位的数额，分析其原因及影响；审核实际投资完成额；审查调整概算，核定概算总投资；核实项目超概算的金额，分析超概算的原因，审查其是否按批准的概算内容执行，有无概算外项目和提高建设标准、扩大建设规模的问题，有无重大质量事故和经济损失问题。

同时，还要审查建设用地是否按批准的数量征用，土地征用是否符合审批的规划要求，实际占地面积是否与审批面积相符；是否如实填写建设起止时间及初步设计和概算批准机关、日期、文号；项目建设是否按批准的初步设计进行。

在审查过程中，可将主要工程量与工作量完成办法与单项工程交付使用的财产明细对照审查。如有不符，应了解原因，并进行处理。

（6）审查建设成本。建设成本包括建筑安装工程投资支出、设备投资支出、待摊投资支出和其他投资支出。重点对资金支付进行审查。审查设备、材料运杂费和采保费的核算情况；审查待摊投资的列支内容和分摊情况；审查其他投资的列支情况。

对于单项工程项目，可以按建设成本的构成，编制对照表，逐一审查确认竣工决算数据与历年的财务决算报表的一致性；审查收尾工程与单项工程验收报告的估计是否一致，是否将新增项目列作尾工项目，以增加新的工程内容和自行消费投资包干结余。

（7）审查竣工决算的编制。审查从筹建到竣工全过程的实际支出费用，包括建筑工程费用、安装工程费用、设备工器具购置费用和其他费用。审查其内容和引用数据的准确情况；审查建设项目资金来源、到位，包括建设资金来源是否合法；有无非法集资、摊派和收费；建设资金是否按投资计划及时到位；建设资金使用是否合规，有无转移、侵占、挪用；建设资金是否和生产资金区别核算；有无浪费问题。

审查应收、应付款的真实性、合法性。将应收、应付款列出明细，核对其是否与报表一致；对长期挂账的应收款发函询证，确认其真实性；查阅合同、协议，核对有关单据以验证债务的真实性和准确性；检查应付款入账依据的充分性，是否有发票账单、验收入库单、工程价款结算单等，核实是否将取得的基建收入在应付款中冲账。

（8）审查交付使用的资产。按工程完成进度进行逐项核实，检查其是否真实、完整，交付条件是否符合，移交手续是否齐全、合规。抽取部分会计凭证，检查有无资产划分不清、互相混淆的情况。审查"建筑安装工程投资支出"、"设备投资支出"、"待摊投资支出和其他投资支出"明细账，检查交付使用资产计价的正确性。检查建设单位用基建投资购建的、在建设期间自用的固定资产，是否按规定计入交付使用资产。对已采购的设备审查是否符合概算范围，检查有无采购概算之外的设备。查阅设备、材料采购的合同、账簿、原始凭证，确认其入账金额是否正确，设备、材料采购成本的核算是否正确。对库存器材进行盘点抽查，以确定账户记录与实际库存的一致性。

（9）审查结余资金。核实银行存款、现金和其他货币资金，查明有无小金库；审查库存物资材料，确定有无隐瞒、转移、挪用等问题，查明原因；审查往来账款，核实债权债务，重点审查有无转移、挪用建设资金和债权债务清理不及时等问题。

（10）审查基建收入。查清基建收入来源，核实基建收入数额；审查基建收入分配依据，核实基建收入分配数额；审查上缴和留存使用情况；审查基建收入的核算是否真实、完整，有无隐瞒、转移收入的问题。

（11）投资效果评价。将实际工期与计划或定额工期对比，分析工期提前或拖后的原因以及对投资效益的影响；分析项目建设的欠款偿还能力。

发展类项目和业务类项目竣工财务决算评审，可参照上述投资类项目竣工财务决算评审程序和方法办理。

（二）项目绩效评价

项目绩效评价，是指根据设定的绩效目标，运用科学合理的绩效评价指标、评价标准和评价方法，对财政项目支出的经济性、效率性和有效性进行客观、公正的评价。财政项目支出绩效评价应遵循以下基本原则：（1）科学规范原则。绩效评价应严格执行规定程序，按照科学可行的要求，采用定量与定性分析相结合的方法。（2）公正公开原则。绩效评价应符合真实、客观、公正的要求，依法公开并接受监督。（3）绩效相关原则。绩效评价应针对具体项目支出及其绩效进行，评价结果应清晰反映支出和绩效之间的对应关系。

1. 绩效评价的主要内容

（1）项目目标评价。首先，要对项目决策目标的正确性、合理性和实践性做出评价。有些项目决策目标不够明确，或不符合实际情况，或者在项目实施过程中发生了重大变化，如政策性变化、市场变化或不可抗力造成的变化等，要结合具体证据确定评价结论。其次，要对项目立项时预设绩效目标的实现程度做出评价。要对照主要指标的绩效目标，检查项目实和完成的情况，以判断目标的实现程度。

（2）项目效率评价。项目实施过程绩效主要体现在效率方面。应以立项评估或可行性报告为参照，对项目实际运行效率做出评价。过程评价主要采用投入和产出类指标进行。

（3）项目效果评价。主要通过项目的内部收益率、净现值率等指标评价项目盈利能力，通过贷款偿还期等指标评价其贷款清偿能力与可持续性。

（4）项目影响评价。项目影响评价包括：一是经济影响评价，主要分析评价项目对所在地区、所属行业和国家所产生的经济方面的影响；二是环境影响评价，一般包括项目的污染控制、地区环境质量、自然资源利用和保护、区域生态平衡和环境管理等几个方面；三是社会影响评价，是对项目在社会发展方面的有形和无形的效益和结果的一种分析，重点评价项目对所在地区和社区的影响。

2. 绩效评价的组织程序

绩效评价工作坚持"先绩效自评、再绩效评价"的原则。在实施绩效评价前，应要求项目单位进行绩效自评，并撰写绩效自评报告，待项目单位提交绩效报告后，再组织实施绩效评价工作。

具体可分为三个阶段，一是前期准备阶段。主要任务为：研究绩效评价项目资料及相关政策、编制绩效评价工作方案、确定绩效评价指标体系、下达绩效评价通知、选择特聘机构及人员、组织绩效评价培训等。二是组织实施阶段。分为非现场评价和现场评价两个环节。主要任务为：听取项目单位情况介绍，查阅项目及资金管理相关资料，审核项目实施情况、项目目标实现情况、项目及资金管理情况等；在详细审核资料后，赴项目现场实施现场评价，审核项目实际建设和项目效益等情况；最后形成评审小组现场初步评价报告，向项目单位反馈，充分征求项目单位意见。三是分析评价阶段。主要任务为：对相关绩效评价表格进行汇总整理，对项目整体情况进行梳理分析，结合项目现场初步评价报告和项目单位意见，总结提炼撰写项目绩效评价报告。

根据绩效评价各阶段工作任务，绩效评价工作具体组织程序为：（1）确定绩效评价对象；（2）实施绩效预评价；（3）下达绩效评价通知；（4）确定绩效评价工作人员；（5）制订绩效评价工作方案；（6）收集绩效评价相关资料；（7）对资料进行审查核实；（8）综合分析并形成评价结论；（9）撰写与提交评价报告；（10）建立绩效评价档案。

3. 绩效评价报告

一般而言，项目绩效评价报告应包括以下几个部分：（1）项目基本情况；（2）项目单位绩效报告情况；（3）绩效评价工作情况；（4）绩效评价指标分析情况；（5）综合评价情况及评价结论；（6）绩效评价结果应用建议；（7）主要经验及做法、存在的问题和建议；（8）其他需说明的问题。

第四节　新型财政评审风险管理体系构想

风险管理是通过对风险进行识别、测度和控制，以最小的风险成本获取最大利益的管理活动。风险管理起源于20世纪50年代的美国，当时美国一些大公司发生的重大损失使公司高层决策者开始认识到风险管理的重要性。目前，风险管理已经发展成为政府、企业管理中一个重要的管理领域。风险管理的价值，可以从风险—危机、风险—发展的关系来诠释。严重的风险事件如果不能及时得到控制和解决，任其放任自流，必然逐步导致组织危机，最后导致组织解体。相反，如果通过有效的风险管理及时化解、转移和规避风险，组织的生存压力就会逐步缓解。正因为风险具有走向危机和走向发展的双向特征，加强风险管理具有收益"叠加（减）效应"。一个组织只有具备敏锐的风险识别和良好的风险管理能力，才能获得更大的生存和发展空间。

加强财政评审风险管理，对财政评审机构事业的发展和财政评审机构内部管理的规范化具有重要意义。全国财政评审工作已开展十多年的时间，在管理体制、队伍建设和内部管理上都取得了很大进展，但同时面临的矛盾和问题也越来越突出，潜在的风险正在变成现实的生存压力。我们认为，引入风险管理的理念和方法，冷静分析财政评审所处的环境，分清有利条件和不利因素，找出财政评审运行机制和管理中的薄弱环节，针对风险程度和风险来源，提出相应的对策，对提高全国财政评审系统管理水平，谋求财政评审机构的长远发展具有战略意义。

一、财政评审风险的种类和特点

（一）财政评审风险的种类

财政评审风险有广义和狭义之分。广义的财政评审风险是指财政评审机构面临的生存和发展风险，具体包括财政评审机构面临的"体制风险"和"法制风险"；狭义的财政评审风险是指项目评审业务中面临的风险，依划分依据不同，又可分为"固有风险"和"审核风险"。

1. 体制风险

从大的背景看，我国正处于体制转轨期，政府投资管理方式一直变化不定，同时由于对财政评审职能的认识存在误区，对于财政评审现有核心业务即建设项目工程概、预、结、决算评审，既有政府机构直接承担的，也有委托社会中介机构办理的，可以说处于政府和市场的中间地带，处于利益"博弈"的焦点上。这种局面决定了财政评审机构努力达到的职能目标，很容易因众多的评审主体争夺而偏离，造成工作开展难度大、有关方面配合不积极主动等问题。例如，与建设和施工单位的关系处理不当，就有可能被起诉；与有关部门关系处理不当，他们有可能对财政评审结论提出疑义甚至对财政评审本身的合法性提出质疑；与财政部门内部的关系处理不当，财政评审工作空间就会有被压缩的可能。因为财政管理以前没有财政评审这个环节，现在增加了该环节，虽然是对财政管理精细化、科学化、规范化的加强，但同时也是财政预算管理格局的调整，具有很大的挑战性。因此，在体制上将财政评审纳入预算管理，难度大、阻力大，由此带来的风险就是体制风险，是最大的风险。

2. 法制风险

财政评审的法制风险，是指在目前的财政法制体系和行政法制体系中财政评审缺乏明确的法律依据，处于无明确法律保障的尴尬局面。一方面，财政评审缺乏有力的法律支撑。如前所述，《预算法》规定财政部门有对财政资金的分配权和监督权。因此，可以说财政评审以《预算法》为法律依据开展工作，不过依据还不够充分。另一方面，有些地方的财政评审管理体制模式和运行机制经不住《行政许可法》的推敲。《行政许可法》是我国规范政府行为的一部重要法律，它明确了政府职能转变、行政管理方式改革的方向，其基本理念是市场优先、社会自律优先，凡是市场能够解决的事项，要尽量交给市场；能够交给行业组织和社会中介机构的事项，政府可以不设置行政许可。但如前所述，由于我国的财政评审处于政府和市场的中间地带，这就决定这项职能的实现方式可以有两种选择，既可以由财政部门所属财政评审机构承担，也可以由其他相关机构承担。在现有财政评审运行模式中，自收自支性质的事业单位与政府之间就是提供服务和购买服务的关系，是一种市场化的关系；特别是有些财政部门将部分评审业务委托财政评审机构，又委托部分社会中介机构，造成了财政评审机构和社会中介机构之间竞争的现实局面。如果有了竞争，根据《行政许可法》，就要注意两点：一是财政部门不能限制、禁止社会中介机构参与这项工作，否则就是限制竞争；二是既然允许它做，还要对财政评审机构和社会中介机构一视同仁，不能厚此薄彼。这样，财政评审机构独立生存和发展的意义就成了问题。《行政许可法》的实施对财政评审机构的发展方向提出了一个严峻挑战，即各级财政评审机构要么转型为组织管理机构，要么脱离财政部门走向市场。

3. 项目评审风险

根据项目评审风险产生的原因，可将其分为信息缺失风险和审核风险。

信息缺失风险是指因被评审单位上报的项目资料有重大错误而导

致的风险。财政评审机构与被评审单位之间的信息不对称性是产生该风险的根本原因。在具体的评审活动中，掌握充分的项目信息是开展评审工作、发现项目存在问题的前提条件。财政评审机构通过向被评审单位索取有关项目的申报审批文件、预算及结决算资料、财务会计报表、工程招投标文件和有关合同等，可以掌握一些项目信息。但是，被评审单位的财务、项目管理人员掌握更多有关项目的资料和信息，由于信息不对称难以克服，就有可能因信息掌握不充分导致评审结论失真，从而产生固有风险。通常情况下，因信息不对称产生的固有风险来自两个方面，一是被评审单位主观故意错报、漏报项目资料，二是被评审单位因工作疏忽或能力所限错报项目资料。

审核风险是指财政评审机构在评审过程中，没有指出或纠正被评审单位上报的项目资料存在的重大问题，或因评审过程中的人为、技术原因而导致的风险，主要包括管理风险、技术风险、道德风险和廉政风险等，这是财政评审机构因自身原因导致的风险。主要的风险源体现在五个方面：一是评审方法和评审技术存在缺陷，对项目的潜在风险程度估计不足、分析不深入，没有找到评审重点，没有制定出针对项目资料重要性程度的评审方法和评审路径，导致有问题却查不出来；二是财政评审工作程序不健全，项目评审质量监控乏力；三是评审人员的业务素质局限；四是评审人员因缺乏职业道德，或对临时聘请的社会中介人员疏于管理和监督，没有体现出财政评审的客观公正原则；五是财政评审人员廉政意识不强，在评审过程中徇私枉法、违法乱纪。

（二）评审风险的特点

1. 上下连锁性

目前全国绝大多数财政评审机构都面临着外在风险即体制风险和法律风险，都存在着生存和发展压力。如果上级财政机关在财政评审体制、政策上出现了偏差，"上行下效"的模仿效应，必然会对全国的财政评审工作带来不利影响。相反，如果上面理顺了，全国财政评审就会形成一个良好的局面。

2. 差异性

目前全国各级财政评审机构面临的风险类型管理能力差异明显，各地财政评审机构在职能定位、业务规范和业务水平上参差不齐，建立了比较规范的评审操作规范，有健全的评审质量控制体系，这些机构与预算管理结合得较为紧密。而有的评审机构由于各种原因，为政府投资管理、预算管理服务的层次和深度相对较弱，工作开展难度较大。

3. 可控制性

目前全国财政评审确实面临很多风险，这些风险一定程度上影响了财政评审机构的生存和发展，但远未达到不可收拾的地步，可以通过加强风险管理和规划，将风险转化为发展机遇，迎来新的发展阶段。

二、强化质量保障、切实防范风险

财政评审质量的高低，一定程度上受财政评审机构的内部质量意识、管理措施和人员组织的影响，但从根本上讲，评审质量主要受制于财政管理体制和工作机制。为此，探讨设计财政评审质量保障体系，应从当前的财政管理体制和工作机制入手，真正解决管理体制和工作机制方面存在的问题。具体来说，当前主要应采取如下措施：

（一）加大项目实施全过程评审的力度

由于项目实施周期一般较长，受到外部因素的影响与制约较大，因此，项目实施的各个环节对财政评审来讲都很重要。财政评审机构在对项目进行评审时，只有加大对项目事前、事中、事后全过程的参与力度，才能掌握项目实施情况第一手资料，从而有效保证财政评审质量。

事前环节评审最为重要。抓好了事前环节，控制住了源头，就等于牵住了项目评审的"牛鼻子"，财政评审工作就取得了主动。当前，根据各级政府批准的财政部门"三定"方案，财政部门要参与政府投资基本建设项目的安排，应从参与初步设计概算审查入手，对项目前期工作中不合理的地方提出意见和建议，和有关部门磋商；在对财政专项支出项目进行评审时，应对项目立项的必要性、实施的可行性和支出的合理性充分发表意见，并提出建设性建议。

事中环节评审是对项目的跟踪控制。由于项目实施周期长、涉及面广，许多难以预料的因素，如政策因素、现场情况、设计变更、市场因素、人为因素，等等，对工程造价的影响很大，并且，所有工程签证都发生在工程施工阶段，财政评审机构应全面参与工程变更签证，尽可能地保证签证的真实性。

事后环节评审是对项目实施结果进行客观反映。项目竣工后，工程建设项目要按规定编制竣工财务决算，报经评审后下达批复；专项支出项目也要按照相应的资金管理办法，办理决算审批手续。

（二）建立完善的财政评审质量管理制度

目前需要建立三个层面的质量管理制度：

1. 财政评审质量管理的纲领性文件

主要确定财政评审的工作方针目标、管理模式、部门及岗位职责权限、质量体系总体规划等。其中，首先要明确评审目标，强调财政评审必须在投资控制的前提下，合理确定项目投资额，同时审查在项目建设过程中法律、法规的执行情况。在基本建设领域，项目建设由建设规模、建设内容、建设标准、资金来源四要素确定。政府投资的特殊性，决定了项目建设在评审中不能单纯用披露性原则，而是先确定支出是否应该发生，然后再确定合理、合规、合法的投资额，避免盲目投资。

2. 财政评审的操作程序性文件

针对不同岗位、不同评审任务，建立规范的操作程序。一是根据具体的项目，选取最佳的评审途径，确定财政评审的有效运行条件、控制点和控制方法，明确各个评审段的有机联系，确定复审、分析的方法和步骤，使评审的质量控制体系接近完美。在评审过程中，各个环节都应留下文字记录等备查资料，以利于对评审结论进行复核或应对其他情况。二是确定严格的质量复核管理程序，通过建立项目评审预案和评审结论三级复核制，由评审小组会审、评审机构专业会、评审专家论证会层层复核，坚持谁评审谁负责、谁失误谁担责，形成环环相扣、责任明确的评审流程。

3. 财政评审的具体指导性文件

在规范操作程序的基础上，明确规定财政评审报告的表述深度及内容，统一制定各种表格、作业指导书及办法等。这个层面的制度，要强调国家政策、规章的适用范围及变化，如在建筑产品定价中，国家定额确定价已从法定价演变为指导价，"控制量、指导价、竞争费"的国家定额制定原则，为与国际惯例接轨和企业按工程量清单自主报价打下了基础。评审中应充分掌握政策变动以及由此带来的建设成本变化，在竞争的前提下，要有尽可能多的选择余地，以节约财政投资。另外，还要强化质量管理配套措施：

（1）建立项目支出指标和支出标准体系。标准化是一种基本的现代化管理方法。建立财政项目支出指标和支出标准体系，是标准化理论的延伸和实践。财政评审机构应将其作为质量管理的基础工程加快推进和建设。

（2）做好"评"、"审"结合。对每一个具体项目，不要单纯为审增审减而评审，在做好"审"的同时，更加注重"评"，抓住关键环节和主要矛盾，客观评价绩效评出优劣、提出良策。

（3）建立财政评审特聘机构人员库。从全国情况看，由于各级财政评审机构受人员编制和专业结构的限制，需要借助中介机构和社会专业技术力量来开展财政评审工作。随着财政专项支出项目评审工作的深入开展，工程造价、财务专业技术人员已无法满足财政评审工作的需要，对其他特殊专业技术人员的需求不断增加。为此，各级财政评审机构应建立财政评审特聘机构及人员库，充分发挥特聘机构人员的优势，弥补自身力量的不足。

（4）提高财政评审的信息化水平。财政评审工作信息量大，时间跨度长，面对的问题也错综复杂，现有的基础工作还不适应新形势发展的需要。因此，要建立财政评审资源共享系统平台，如建立财政投资项目库、财政评审法规库、工程材料价格信息库和绩效评价指标库等信息系统，对财政评审工作会有很大的帮助，同时也可以加强财政部门的宏观管理。

（5）加强内部质量控制。除根据年度项目情况编制年度评审计划外，对每一个项目实施评审前，还要编制项目评审预案，主要包括评审程序、评审重点、评审资料、评审时限、人员配备、费用预算等，应尽可能详细到对每项具体工作的内容和时间作出安排，以便于实施。此外，还须做到：

①正确对待评审争议。评审争议是共同评审目标下不同观点之间的碰撞。评审争议有利于挖掘评审人员的潜能，有利于进一步澄清评审结论，因此，评审过程中应允许并鼓励评审争议，并可将评审争议按照评审事项的重要程度不同，作出相应的处理。对于评审组成员之间的一般性争议，由评审组长现场裁决；较大的争议，由评审组全体成员集体研究确定，并向有关方面请示。

②撰写高质量评审报告。项目评审报告是对项目作出客观、公平、公正鉴定的记录，是财政业务部门对项目建设单位拨付资金的重要依据，也是强化专项资金管理的主要信息来源。因此，在拟写评审报告时，要认真分析研究，抓住项目构成、项目管理、资金运用及管理的关键环节和特色之处。一要充分展现评审人员的执业操守和业务水平，对项目评审涉及的主要内容做到不丢、不漏、不赘。二要突出重点，着重抓住项目的特点进行阐述，把单个项目的特点展现具体和全面，做到言之有物、用词准确，不能模棱两可。三要反映出财政评审的根本宗旨。从资金来源的审批文件，到资金运用、财务管理、项目绩效的评价上，都应该站在财政管理的角度，充分体现通过财政评审强化财政项目支出预算管理的原则和宗旨。

③借助稽核审议提高评审质量。项目评审小组通过分工协作，互相配合，借助有关的技术标准、定额和评审专家自身的专业知识和经验，对项目的技术条件、设计方案及其投资构成等进行专业技术性审核。在评审工程中，不可避免地会受到评审人员对项目背景的理解程度、项目所采用的新技术的掌握情况、所掌握的项目信息是否全面清

晰以及对这些信息的采信认知等主观因素的影响。同时，评审小组的内部交流以及评审小组与被评审单位之间的交流是否充足、通畅，也会对评审结果造成直接的影响。如何将个人的主观认知转换为部门的科学决策，必须依据科学的组织和管理办法。稽核审议在这样一个过程中能发挥重要的作用，是财政评审机构内部提高评审质量，减少评审主观性和随意性的制度和程序保证。

（6）提高机构队伍的服务水平。财政评审干部队伍的综合素质、业务水平决定着财政评审事业的成败。因此，评审机构配备的工作人员首先要经过严格的专业培训，掌握必备的专业知识技能，精通所承担的评审业务，能够胜任自己的工作。要安排在岗工作人员参加继续教育，保证全体评审工作人员随时掌握新政策、新知识、新技能，不断提高熟练程度。在保证评审人员的业务能力的同时，定期开展职业道德教育，使专业技术人员自觉遵守或履行职业规范。作为专业技术人员，由于在其工作岗位上发挥的重要作用，更受社会关注、更具影响力，社会对其职业道德的要求也就更高、更严格，为此应提高全员职业道德，强化质量意识，增强评审人员的责任感和使命感，为提高财政评审质量提供强有力的保障。其次，要坚持以人为本，强化质量控制。财政评审质量体系运行的动力是人的质量意识，必须强调每个人不仅是评审者，也是质量检查者，还是管理参与者，发挥全员参与质量控制的主观能动性和创造性，培养主人翁责任感，追求零缺陷。

总的来看，财政评审质量的提高不是一朝一夕之功，是一个不断发展、不断完善的过程。只有在评审法规、评审理论、评审机制、评审程序、评审方法上坚持不懈地探索创新，才能应对实际工作中出现的新情况、新问题，从而有效地保证评审质量。当然，财政评审质量体系是在不断改进中逐步得到完善的，而这种改进是永无止境的，需要通过经常性的质量监督，不断改进质量体系，实现质量管理的良性循环。

三、建立风险管控长效机制

(一) 树立评审风险意识

财政评审工作开展十几年来取得了很大成绩，逐渐得到了党政领导、被评审单位和社会各界的充分肯定和高度评价。尽管如此，财政评审工作还远未达到高枕无忧的程度。因此，各级财政评审机构要增强危机感和紧迫感，将风险管理纳入到日常管理中，有计划、分步骤地解决财政评审面临的内部和外部风险。当务之急是努力在体制上使财政评审纳入预算管理体系，使之成为预算管理的法定环节；同时，顺应《行政许可法》的要求，调整财政评审工作发展思路，实行"管干分离"，使财政评审机构逐渐从具体的评审事务中解脱出来，成为财政评审业务的组织管理者，实现财政评审机构和社会中介机构的双赢局面，最终使财政评审事业真正步入规范化的发展轨道。在目前的过渡阶段，在财政评审业务日常管理中，应加强风险管理，通过识别项目评审的风险点，完善评审方法和技术，降低评审中的过程风险。

(二) 建立评审风险控制体系

在财政评审工作中实行风险管理，关键是建立一套评审风险管理体系，将风险意识细化到每个管理细节中。建立评审风险管理体系需要重点抓以下几个环节的工作：

1. 评审风险事前控制：制定周密的评审方案，识别、评估项目中的潜在风险

事前控制是评审风险管理的关键，而事前控制的关键是编制切实可行的评审方案。在评审计划中对项目评审风险的重要性进行评估，确定评审重点，选择相应的评审方法，这样可以提高评审效率，节约评审成本。评审方案主要包括以下内容：

(1) 项目概况：根据掌握的资料了解项目的基本情况，判断是否具备评审条件。

（2）初步分析项目的重要性程度。根据经验，对项目中主要的计价组成进行重要性排序，找出重要性程度较高的成分。进行重要性程度分析的作用，在于确定高效的评审方案，提高评审效率，降低评审风险。筛选重要性程度的方法一般有三种：比例筛选法——占总投资额比例大的子项重要性程度高；经济技术指标筛选法——用同类项目的正常经济技术指标作为尺子，衡量该项目中相应指标是否超常；合同变更筛选法——对因方案变更、签证等导致投资额增加较大的子项，以及合同金额与实际结算金额不符的子项，可以认为重要性程度较高。

（3）风险程度分析：对重要性程度较高的项目，进一步分析其可能出现的风险事件，评估其风险程度，并根据风险程度的高低进行排序，作为下一步确定评审重点的依据。

（4）确定评审重点：根据重要性程度和风险分析结果，确定评审重点。找到评审重点，既可以节约评审成本，提高评审效率，又可以最大限度地在评审实施前将评审风险降到最低限度。

（5）确定评审策略和方法：根据重点子项的特点，加大样本选取数量，分配较多的评审力量，进行全面细致的算量、组价；对一般性的子项，简化评审程序。

（6）明确责任分工：项目负责人根据项目中的重要性水平、风险程度、评审时间要求以及评审人员的业务专长，明确各自的工作范围和质量要求，明确评审人员的责任。

2. 评审风险的事中控制：建立规范的评审工作程序和评审质量控制体系

防范和控制项目评审中的风险，提高评审结论的权威性和可用性，关键是编制切实可行的评审方案，通过规范的评审程序，做好每个评审细节的工作，确保各个评审内容和结论能够经得起推敲。

目前，尽管有的地方在健全评审工作程序方面进行了积极探索，取得了一定成效，但从全国来看，还没有真正建立起一整套规范细致的评审程序。现有的评审操作规程只是做了初步的规范，提出了原则性要求，至于每个评审细节怎么进行，用什么样的格式进行表述，还没有全国统一的规范。财政评审区别于财政其他工作的最大特点是技术性强，更加注重细节。要保证这些细节的质量，制定详细的工作规范特别重要。

在评审工作内部质量控制方面，当前亟待加强三个薄弱环节：一是建立评审方案指导范本，通过强化评审前的计划管理，加强评审风险的事前控制；二是建立一套针对预算、结决算评审的规范工作底稿，如"审减项目明细表"、"审增项目明细表"、"建设单位内部控制缺欠明细表"、"应收应付款明细表"等，对审减、审增的项目用明细表的形式表示出来，这样既能够加大评审深度，又方便稽核环节的审核；三是设计一套评审取证准则，对于证据的确认、搜集方法等做出规范。

3. 评审风险后台控制：建立项目评审结果稽核制度，及时纠偏、纠错

为此，要重点抓好两个环节：一是现场评审复核，对评审人员提出的审减（增）事项，项目负责人要组织进行复核，包括数量复核和定性复核。对存在争议的事项，要及时进行研究，拿出纠正评审偏差的办法。二是后台稽核，由财政评审机构的专门复核部门对评审报告、评审结论进行详细复核；最后由评审机构负责人把关，出具项目评审报告。

4. 建立项目评审经济技术指标体系

对于项目评审的切入点，目前还处于凭经验判断的阶段。近年来全国各级财政评审机构做了很多项目评审，积累了一些经验；但仅靠经验判断远不能满足控制评审风险、提高评审效率的要求。要提升评审的层次，还要通过项目数据的标准化处理和分析，将零星的评审经验条理化、指标化。为此，需要做到以下四点：

第一，进行项目分类，如办公楼（砖混结构、框架结构、钢结构等）、公路（高速公路、一级公路、山区和平原公路、农村公路等）、水利项目、机场项目，等等。

第二，对不同类型的项目，设计相应的技术经济指标，用标准化的指标表述项目内容和特征。

第三，设计不同类型的项目数据库，动态归集项目，形成不同类型项目的经济技术指标体系，便于比较，找出评审切入点和工作重点。

第四，建立项目评审的数据分析系统。拿到一个项目，首先按照标准化格式输入项目数据，与同类的项目进行指标比较，分析哪些子项偏离正常值较大，并找出原因。实现这一功能，需要全国各级财政评审机构合作，利用信息技术研究开发项目评审数据库系统。

（三）全面引入专家评审机制

所谓的"全面"，是指在评审工作流程的各个重点环节，都要有专家把关。首先，重大项目在具体实施评审前，要借助专家的力量，分析项目的重要性程度，评估项目的风险水平，协助制定评审计划和评审方案；其次，在事中阶段，借助专家的经验，发现和分析重要的审减（增）事项；最后，由相关专家在稽核环节把关。

（四）建立律师顾问制度

通过聘请法制法律专家和律师，从法律上分析财政评审机构面临的法制环境风险，分析项目评审过程中需要注意的法律问题。在一些细节方面，如财政评审证据的搜集方式，对重大项目评审结论的做出和处理意见，都要征求律师的意见，将财政评审风险降到最低。

参 考 文 献

［1］《中共中央关于全面深化改革若干重大问题的决定》，《中共中央关于全面深化改革若干重大问题的决定》辅导读本人民出版社2013年版。

［2］安秀梅：《政府公共支出管理》，北京对外经济贸易大学出版社2005年版。

［3］财政部经济建设司：《财政评审指南》，中国财政经济出版社2002年版。

［4］财政部经济建设司：《政府公共部门绩效考评理论与实务》，中国财政经济出版社2005年版。

［5］财政部预算司：《预算绩效管理工作规划（2012～2015年)》。

［6］陈恒：《谨防政府采购中的寻租异化》，载于《市场论坛》2004年第8期。

［7］陈清：《中外政府投资体制比较研究》，载于《亚太经济》2005年第4期。

［8］陈松林、王立公：《对构建和完善我国财政投资评审制度的思考》，载于《商场现代化》2006年第12期（中旬刊）。

［9］程琳珊：《政府投资项目全过程造价控制》，载于《陕西建筑》2006年第1期。

［10］崔丽华：《财政国库管理制度改革的建议》，载于《中国财政》2005年第10期。

［11］单华军：《财政评审研究》，载于《沿海企业与科技》2005年第3期。

[12] 丁学东：《开展财政农业投资评审工作的几点思考》，载于《中国财政》2004 年增刊。

[13] 窦玉明：《财政支出效益评价综论》，载于《财政研究》2004 年第 10 期。

[14] 窦玉明：《将财政投资评审融入部门预算管理之中》，载于《中国财政》2006 年第 6 期。

[15] 段晓晨：《政府投资项目全面投资控制理论和方法研究》，天津大学，2006 年 6 月。

[16] 甘信厚、刘铭：《也谈财政投资评审的职能定位》，载于《山东财政研究》2001 年第 9 期。

[17] 高宇翔：《财政改革与投资评审》，载于《吉林农业科技学院学报》2005 年第 9 期。

[18] 管永昊：《西方公共财政理论演进与评价》，载于《科技情报开发与经济》2008 年第 4 期。

[19] 郭菁：《合理确定政府投资的建筑工程造价》，载于《科协论坛》2007 年第 2 期。

[20] 国家计划委员会：《建设项目经济评价方法与参数（第二版）》，中国计划出版社 1993 年版。

[21] 韩雪松、王凡：《以"四型财政"为依托，优化财政评审结构》，载于《现代经济信息》2013 年第 5 期。

[22] 郝书臣、曲顺兰：《财政学》经济科学出版社 2007 年版。

[23] 胡静林：《财政评审工作是项目预算管理的左膀右臂》，载于《中国财政》2006 年第 1 期。

[24] 黄佩筠：《对财政评审几个关键问题的思考》，载于《财会研究》2004 年第 10 期。

[25] 贾康、白景明：《如何认识和构建公共投资评审体系》，载于《财政监督》2003 年第 6 期。

[26] 金振辉：《科技项目评价方法研究》，昆明理工大学，2006 年 10 月。

[27] 康学军：《财政评审工作的发展方向》，载于《中国财政》

2004 年第 5 期。

[28] 康学军:《财政投资评审工作的发展方向》,载于《财政评审之友》2004 年第 1 期。

[29] 雷东山:《制约财政评审发展的七大障碍》,载于《财政评审之友》2003 年第 5 期。

[30] 李浩、贺玉明:《财政投资评审研究》,第 15 次全国财政理论研讨会专题文章,2002 年。

[31] 李和森:《财政投资评审的重新定位》,载于《山东社会科学》2009 年第 4 期。

[32] 李怀瑾:《财政投资评审定义及其影响力和局限性简评》,载于《财会研究》2008 年第 4 期。

[33] 梁祎:《基于风险投资项目评审决策的风险评价研究》,西北工业大学,2003 年。

[34] 林桦、谢壮雄:《浅谈政府投资项目的管理》,载于《西部探矿工程》2006 年增刊。

[35] 林兆木:《使市场在资源配置中起决定作用》,《〈中共中央关于全面深化改革若干重大问题的决定〉辅导读本》,人民出版社2013 年版。

[36] 刘俊娥、韩树方、贾增科:《政府投资项目经济分析》,载于《河北工程大学学报》2007 年第 1 期。

[37] 刘群:《提高评审质量增强政府信用》,载于《财政评审之友》2003 年第 5 期。

[38] 楼继伟:《建立现代财政制度,"中共中央关于全面深化改革若干重大问题的决定"辅导读本》,人民出版社2013 年版。

[39] 鹿翠:《投资项目中的生态环境效益分析》,载于《生产力研究》2002 年第 6 期。

[40] 马海涛:《财政评审的定位与走向》,载于《财政监督》2003 年第 9 期。

[41] 马晓河:《对当前经济形势的几点看法》,载于《西部论丛》2006 年第 8 期。

[42] 米建国：《深化公共财政支出改革的几个问题》，载于《财政研究》2001 年第 9 期。

[43] 苗圩：《推动国有企业完善现代企业制度》，《〈中共中央关于全面深化改革若干重大问题的决定〉辅导读本》，人民出版社 2013 年版。

[44] 聂永泰：《财政评审工作刍议》，载于《中国审计》2003 年第 13 期。

[45] 庞敦之、李和森、李一三、王文胜：《多视角下的财政投资评审》，经济科学出版社 2009 年版。

[46] 庞敦之：《构建科学规范的财政评审体系》，载于《财政评审之友》2006 年第 1 期。

[47] 庞敦之：《加快提升财政投资评审能力》，载于《中国财政》2009 年第 23 期。

[48] 庞敦之：《科学定位全面提升财政投资评审服务力》，载于《中国财政》2010 年第 18 期。

[49] 曹洪军、庞敦之：《区域经济发展环境指标体系研究》，载于《中国海洋大学学报（社会科学版)》2006 年第 3 期。

[50] 彭恒军：《我国政府投资项目管理模式》，载于《理论学习》2006 年第 5 期。

[51] 孙洪波、王艳芳：《我国政府投资监督软化现象探析》，载于《财会研究》2006 年第 6 期。

[52] 孙开、彭健：《财政管理体制创新研究》，中国社会科学出版社 2004 年版。

[53] 桑恒康：《投资项目评估》，经济科学出版社 2007 年版。

[54] 唐好军：《提高财政投资评审工作效率的探讨》，载于《中国外资》2013 年第 12 期。

[55] 田发、宋友春：《构建国库集中支付监督制约机制》，载于《中央财经大学学报》2004 年第 2 期。

[56] 王海冰：《公益性项目决策阶段财政评审的方法研究》，浙江大学，2005 年 7 月。

[57] 王海兵：《公益性项目决策阶段财政评审的方法研究》，浙江大学，2005 年 9 月。

[58] 王海兵：《公益性项目决策阶段财政评审的方法研究》，浙江大学，2005 年 9 月。

[59] 王虎、汪正猛：《浅谈财政评审职能定位于结果应用机制》，载于《中国集体经济》2013 年第 2 期。

[60] 王会清：《政府采购当事人的目标差异整合》，载于《中国政府采购》2004 年第 2 期。

[61] 魏跃华：《基本公共服务均等化与政府财政责任》，载于《财会研究》2008 年第 6 期。

[62] 谢琳琳：《公共投资建设项目决策机制研究》，重庆大学，2005 年 6 月。

[63] 熊启宝：《政府投资项目评审中存在的问题与对策》，载于《现代商业》2013 年第 3 期。

[64] 徐绍史：《健全宏观调控体系》，《〈中共中央关于全面深化改革若干重大问题的决定〉辅导读本》，人民出版社 2013 年版。

[65] 杨雪芳：《国家投资体制改革与项目可行性问题研究探析》，载于《郑州大学学报》2005 年。

[66] 殷淙：《政府投资项目管理体制改革研究》，中国海洋大学，2004 年 12 月。

[67] 银涛：《工程项目概算评审方法的研究》，重庆大学，2006 年 5 月。

[68] 尹慧敏：《总结创新发展——"十一五"时期山东财政改革发展研究》，中国财政经济出版社 2006 年版。

[69] 尹贻林、闫孝砚：《政府投资项目管理模式研究》，南开大学出版社 2002 年版。

[70] 于国安：《财政投资评审教程》，经济科学出版社 2004 年版。

[71] 于国安：《积极推进财税改革强化财政宏观调控》，载于《财政研究》2008 年第 2 期。

[72] 于国安：《政府公共支出管理与改革》，经济科学出版社

2005 年版。

[73] 翟钢：《现代国库制度的理论分析》，载于《财政研究》2003 年第 5 期。

[74] 张高丽：《以经济体制改革为重点全面深化改革》，《〈中共中央关于全面深化改革若干重大问题的决定〉辅导读本》，人民出版社 2013 年版。

[75] 张瑞君、施薇、程东峰：《国库集中收支制度的实施模式研究》，载于《四川财政》2003 年第 4 期。

[76] 张少春：《积极发挥公共财政职能作用》，载于《求是》2006 年第 17 期。

[77] 张文娟：《关于做好政府投资项目资金管理的思考》，载于《上海管理科学》2006 年第 3 期。

[78] 赵钰：《完善财政评审制度的几点设想》，载于《经济研究参考》2003 年第 7 期。

[79] 郑祥芬：《略论国库集中支付制度改革》，载于《浙江统计》2004 年第 1 期。

[80] 郑小晴：《建设项目可持续性及其评价研究》，重庆大学，2005 年 3 月。

[81] 郑耀：《努力开拓财政评审工作新局面》，载于《财政评审之友》2006 年第 1 期。

[82] 周萍华、李家胜：《论我国当前的财政评审》，载于《财贸经济》2004 年第 3 期。

[83] 周学颜：《浅谈财政评审的产生、定位与发展》，载于《福建经济》2002 年第 12 期。

[84] 朱海、叶飞：《公共财政体系下政府投资监督管理的模式》，载于《国有资产管理》2006 年第 2 期。

[85] 朱海发：《发挥财政评审职能，加强政府投资项目管理》，载于《当代经济》2005 年第 3 期。

[86] 朱之鑫：《全面正确履行政府职能》，《〈中共中央关于全面深化改革若干重大问题的决定〉辅导读本》，人民出版社 2013 年版。

[87]［美］A. O. 克鲁格邵建云:《发展过程中的"政府失效"》, 载于《经济社会体制比较》1991 年第 3 期。

[88]［英］蒂莫西·贝斯利:《守规的代理人》,上海人民出版社 2009 年版。

[89]［美］萨缪尔森、诺德豪斯:《经济学》,中国发展出版社 1992 年版。

[90]［美］彼得罗西等:《项目评估方法与技术》,华夏出版社 2002 年版。

[91]［美］理查德·威廉姆斯:《组织绩效管理》,清华大学出版 社 2002 年版。

[92]［美］约翰 L 米克塞尔:《公共财政管理:分析与应用》,人 民大学出版社 2005 年版。

[93] 阿兰·J·奥尔巴克,马丁·菲尔德斯坦主编,《公共经济 学手册》第一卷,中山大学出版社 2003 年版。

[94] Perkins, D H. , Reforming China's economic system, Journal of Economic Literature, 1988 (26).

[95] Eggertsson, T. The Economics of Institutions: Avoiding the Open Field Syndrome and the Perils of Path Dependence , Acta Sociologi-ca, 1993. (36).

[96] Gali, J. , Government size and Macroeconomic Stability, Euro-pean Economic Review, 1994: pp. 117 – 132.

[97] Hall, R. E. and Jones, C. I. , Why Do Some Countries Produce So Much More Output Per Worker than Others?, Quarterly Journal of Eco-nomics, 1999 (114).

[98] Jaggers, K. and Gurr T. R. , Tracking Democracy's Third Wave with the Polity Ⅲ Data, Journal of Peace Research, 1995 (32).

[99] Geert Bouckaert, John Halligan. *Managing Performance*: *Inter-national Comparisons*, Routledge, 2008, P. 15.

[100] OECD. *Measuring Government Activity*, ISBN – 978 – 92 – 64 – 06072 – 2, OECD 2009, P. 113.

[101] Kamenky, J. M. and Morales, A.. "From 'Useful Measures' to 'Measures used'", *Managing for Results* 2005, IBM Government Center Series 2005, pp. 1 – 14.

[102] GAO. Results-Oriented Cultures: Creating a Clear Link between Individual Performance and Organization Success. GAO – 03 – 488, March 14, 2003, Washington, DC: GAO.